집에서
일하는
사람들

집에서 일하는 사람들
집으로 출근하는 일상 예술가들의 일과 생활의 균형

초판 1쇄　2023년 11월 15일
초판 2쇄　2023년 12월 11일

지은이　　문희정
펴낸이　　문희정
펴낸곳　　문화다방
사진　　　정유우
교정　　　이경희
디자인　　달밤고래
출판등록　제572-251-2013-00002호
전자우편　moonzakka@naver.com

ISBN　　979-11-951482-9-5　03590

이 책의 저작권은 지은이와 문화다방에 있습니다.
이 책은 저작권법에 따라 보호받는 저작물이므로 무단 전재와 무단 복제를 금지합니다.

문희정 인터뷰집

집에서
일하는
사람들

文畵茶坊

일러두기

단행본은 『 』, 영화는 〈 〉 브랜드, 프로그램 이름은 ' '로 표기했습니다.
본문은 인터뷰가 이루어진 시점을 기준으로 작성했습니다.

들어가는 말

어디에 살아야 행복할까

집에 대한 내 유별난 애정의 근원이 무엇일까 항상 궁금했다. 집이란 대체 무엇이길래 나는 건축가도 아니고 인테리어 디자이너도 아니면서 다른 사람의 사는 모습과 동네와 주거 형태를 물어물어 책으로 만들려고 하는 걸까.

내가 갈피를 잃고 헤매고 있을 때라서 더욱 다른 사람들이 찾은 각자의 해답이 궁금했을지도 모른다. 그건 그들에게 성과를 묻기보다 지금 살고 있는 집에 들어가 보는 게 더 정확할 것 같았다. 집에서 일하는 사람들의 일상과 일의 균형을, 고유한 공간의 질서를, 집이라는 통로를 통해 확인하고 싶었다.

그때 나는 2년 동안 생활했던 작업실을 정리하고 다시 집에서 일을 시작한 상황이었다. 한동안 작업실은 집에서 나를 위한 것들만 쏙 챙겨 나와 어렵게 구축한 나만의 세계였다. 내 취향의 물건들로 채워진 오직 나를 위한 아지트이자 케렌시아, 대피소였다. 살림에 대한 스트레스, 육아에 대한 걱정도 잠시 잊고 그곳에서만큼은 자유로웠다. 집에서 등돌린 내 애정은 점점 작업실로 향했고 자연스레 집은 조금씩 망가졌다. 시간도 노력도 들이지 않은 집의 모습이란 그런 것이었다. 어디에도 당연한 것은 없다. 깨끗하게 빨아서 접은 수건은 제때 채워지지 않았고, 외출복은 옷장에 들어갈 틈 없이 건조기에서 바로 꺼내 입었다. 냉장고를 열면 쿰쿰한 냄새가 났고, 화장실 욕조에는 분홍색

물곰팡이가 꼈다.

작업실을 정리하고 다시 집으로 돌아왔을 때, 2년간 방치했던 집을 돌아보니 다시 일상을 회복할 엄두가 나지 않았다. 놀거나 일을 할 때도 자꾸 밖으로 나가고 싶었다. 집은 더이상 내가 기댈 수 있는 곳이 아니었다. 그렇게 되고 나니 같은 집에서 먹고 자는 가족들의 연결고리도 느슨해졌다. 우리는 자주 짜증을 냈고 다퉜으며 바닥에 떨어진 과자 부스러기 같은 작은 것에도 화를 냈다.

다른 사람들은 '집'과 '일'이라는 두 가지 커다란 숙제를 어떻게 해결하고 있을까. 다양한 직업을 가진 재택근무자들의 내밀한 생활의 냄새가 궁금했다. 그 사람들은 왜 작업실이 아닌 집에서 일할까. 집에서 일하는 사람들은 일과 집안일을 어떻게 사이좋게 유지할까. 잘 정돈된 모습 뒤에 그들도 살림과 일, 육아와 기분까지 엉망이 되는 순간들이 있는지 궁금했다. 그럼에도 잘 지낼 방법이 있는지 묻고 싶었다.

『집에서 일하는 사람들』을 취재해야 한다는 번듯한 이유가 생겼으니 평소 궁금했던 재택근무자들의 리스트를 만들었다. 대부분 창의적인 일을 하는 다양한 직업과 가족 구성원의 일상 예술가들이었다. 조용히 동경하는 마음을 숨기고 평소 호감을 갖고 있던 사람들의 현관문을 두드렸다. 일면식도 없던 낯선 이의 집도 있었고, 현관문이 닳게 드나들었던 친근한 이의 익숙한 집도 있었다. 감사하게도 그들은 문 앞에서 초조한 마음으로 서 있는 낯선 이들을 기쁘게 반겨 주었고, 기꺼이 그들의 사적인 곳으로 들어오도록 허락해 주었다.

내가 만난 사람들의 집은 날실과 씨실이 섬세하게 직조된 것 같은 모양이었다. 그들의 라이프 스타일에 맞게 사람과 공간이 빈틈없이 맞물려 있었다. 형태나 규모와 상관없이 그들에게 잘 길든 집은 하나같이 당당해 보였다. 주거 형태와 지역이 달랐고, 직업과 가족 구성원이 달랐음에도 부족하거나 만족스럽지 않은 부분까지 그들과 잘 어우러져 있었다.

코로나19와 변이 바이러스로 팬데믹을 경험한 사람들은 다시 집에 주목하기 시작했다. 한 집 건너 한 집이 인테리어 공사를 했고, 평수를 넓혀 이사했다. 가족 모두가 아침이면 서둘러 집 밖으로 나가 하루 종일 바쁘게 지내다 해가 지고 나서야 들어와 겨우 얼굴만 보고 각자의 방에서 다음 날을 준비하던 일상에 변화가 생긴 것이다. 전쟁보다 바이러스가 더 많은 사람을 해칠 수 있다는 것을 알게 된 다음은 먹는 것, 노는 것, 운동, 공부, 일, 휴식까지 언제든 다시 집 안에서 해결해야 할 상황이 올 수도 있다는 걸 받아들였다.

그동안 집이 이렇게 많은 역할을 수행한 적은 없었다. 그만큼 중요하게 대접받은 적도 없었다. 사람들은 자산이나 재테크로서의 집이 아닌, 삶의 터전으로서의 집을 다시 보듬어 주기 시작했다. 조금 더 편안하게 조금 더 아름답게. 보금자리이자 일터, 휴식처로서의 집을 원했다.

『집에서 일하는 사람들』을 인터뷰하면서 잘살고 있는 사람들의 이야기를 귀담아듣다 보면 나도 달라지지 않을까 사실 조금 기대했다. 그들의 멋진 집을 보고 내 집을 방치한 날들을 지독히 반성해야지. 그들의 비법을 배워서 내 삶에도 유용하게 활용하거나 그것도 아니면 그들과 비슷한 환경의 집을 구하면 다 괜찮아지지 않을까 희망을 품어 보기도 했다. 하지만 인터뷰를 이어갈수록 그들의 집을 훔쳐 오거나 흉내 내는 건 불가능하고 또 불필요한 일이라는 걸 깨달았다. 정신이 번쩍 들게 혼이 나긴커녕 괜찮다는 위안만 얻어 왔으니까.

우리는 뽐내기 위해 치장할 필요 없는, 말갛게 씻고 나온 수수한 얼굴로 마주 앉았다. 그들의 집도 같은 얼굴을 하고 있었다. 살아온 날들이 고스란히 새겨진 그 얼굴을 빤히 들여다보고 오던 날에는 마음에 들지 않았던 내 집과 화해하고 싶은 마음이 생겼다. 인터뷰가 끝낼 때마다 높은 온도의 희망이 남았다.

문희정

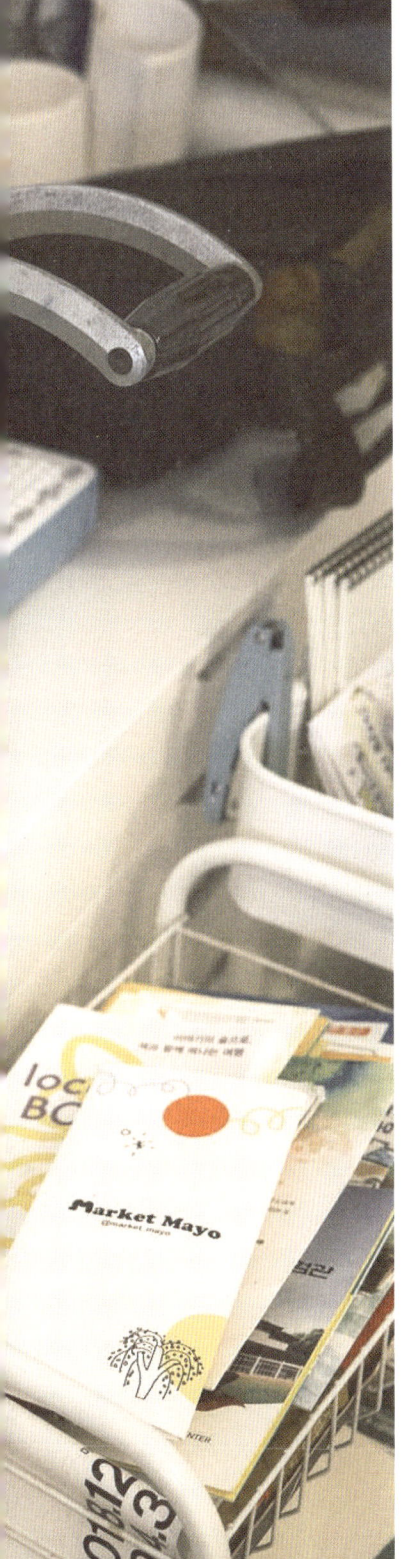

목차

들어가는 말	005
김현정 / 미티테이즈	
좋아하는 것과 가까운 방향으로	013
루시	
고유한 작품이 되는 평범한 생활	035
복태, 한군 / 선과영	
아름답고 용감한 선택	057
안나 / 상상헌	
일상에 예술을 꽃피우는 마법	079
와사비(더플피) / 느린손 스튜디오	
산속에서 다섯이 한 팀	107
와인 / 오디너리 작업실	
삶의 모습을 결정하는 취향	131
윤선미 / 두근공방	
꿈꾸는 제주의 작업실	157
최은정 / 어린이 영어 문화원	
집이 좋아서 아이가 좋아서	177
하정 / 좋은여름	
예측할 수 없는 내일을 함께	199
나가는 말	222

좋아하는 것과
가까운
방향으로

미티테이즈

김현정

두 딸을 키우며
미티테이즈라는 브랜드를
운영하고 있습니다.

현정 님의 작업을 떠올리면 복주머니와 아이들 한복이 생각나요. 처음 한복을 하시게 된 시작이 궁금하네요.

대구는 차 문화가 발달해서 다도 대회도 있고 한복이나 규방 이런 게 어릴 때부터 익숙한데, 규방공예를 하다가 침선을 하게 되었어요. 침선은 손으로 바느질해 옷을 짓는 일을 말하는데 저는 정확하게는 출토 복식을 배웠어요. 출토 복식은 과거의 옷을 재현하는 거예요. 전통 복식으로 어른 한복을 만들다가 결혼하고 유진이를 낳고 아이 한복을 만들기 시작했어요.

제 작업 중에 복주머니를 많이 좋아해 주시는데 복주머니 자체로는 형태가 너무 한정적이라 매듭을 달아주거나 이태리타월로 만드는 것 같은 재미있는 시도를 많이 했어요. 직접 원단을 만든다거나 뜨개로 폼폼을 달기도 하고요.

복주머니가 사랑받은 이유가 그런 다양한 시도를 통해서 나오는 독특함 때문인 것 같아요. 요즘은 개량 한복이 많잖아요. 입기 편한 생활한복도 많고. 그런데 전통 한복을 꾸준히 하시는 이유가 있을까요?

저는 아이들한테 어울리는 독특한 한복을 만들고 싶었어요. 아이들이 입는 한복을 세탁기에 돌리고 싶거든요? 제가 제일 좋아하는 게 셔츠인데 셔츠 같은 한복을 만들어서 그냥 세탁기에 툭 넣어 빨고 싶어요. 그런데 한복이 무게감이 있잖아요. 생활한복처럼 편하게 정말 세탁기에 탁 넣고 빨아서 바로 입을 수 있는 그런 옷을 만들고 싶은데 전통 한복의 형태는 유지하고 싶은 거죠. 한복 자체는 형태가 중요한데 생활한복 쪽으로 가게 되면 이 형태가 없어지더라고요.

미티테이즈의 파워레인저 한복에 대한 얘기도 해 주세요. 처음 미티테이즈를 알게 된 게 그 한복이었거든요. 유니크하고 멋져서 아직도 강렬하게 남아 있어요.

그게 사연이 있어요. 여자아이 한복이었는데요. 그 아이가 파워레인저를 좋아한대요. 그래서 그걸로 한복을 만들고 싶은데 원단 자체가 없잖아요. 그래서 검색하다가 미국의 어느 시골에 그 빈티지 원단을 가지고 있는 사람이 있다고 해서 거기에서 주문한 거죠. 받아 오기까지 시간이 오래 걸렸어요. 원단을 받아 보니 색동 같은 느낌이 있길래 팔 부분에 파워레인저를 넣어서 제작했어요. 딱 한 마밖에 없는 원단이라 많은 분이 찾으셨는데 두 벌밖에 만들지 못했어요. 아이가 레고도 좋아한다고 해서 조바위에 레고도 달았지요.

미티테이즈 제공

미티테이즈에서 만드는 아이 한복에 대한 인상은 '한 번쯤은 꼭 입히고 싶은 옷'이었다. 아이의 취향을 반영했다는 점에서도 그렇고 키치한 무드를 풍기면서도 한복의 전통적인 부분을 지키려 고집한다는 게 마음을 사로잡았다. 돌잔치를 간소히 하는 요즘 아이의 첫 생일날 평생 기념이 될 만한 돌복을 맞춰 준다면 얼마나 좋을까.

특별히 기억에 남는 옷이 있을까요? 두 딸아이를 위해 만들었던 옷이라든가 오래 보관해 두고 싶은 애착이 가는 옷이 있다면 알려 주세요.

　유진이가 입고 서진이를 물려 준 한복이 있어요. 매듭단추로 만들어서 서진이랑 유진이가 돌 때 사이즈가 달랐는데도 물려 줘서 입힐 수 있었어요. 이 저고리는 등솔에만 이음새가 있고 라그란 (원단 이음새 없이 만드는 방법. 등솔기에서 바로 소매로 이어지게 만드는 통 재단법을 말한다.) 형태로 만든 한복이에요. 저 저고리를 만들 때 굉장히 신중히 만들었어요.

　또 하나는 한복하는 지인에게 아주 조금밖에 없는 원단을 유진이 한복 만들어 주라고 받은 게 있어요. 그걸로 한쪽은 토끼가 그려져 있고 한쪽은 스트라이프인 저고리를 만들었어요. 토끼 꼬리를 연상할 수 있게 폼폼을 만들어 달았고요. 저는 아이에게 맞춰서 그 아이가 좋아하는 걸 찾아 만들어 주는 게 좋더라고요.

혼자서 작업하시기에 힘들지는 않으세요? 잘 모르지만 한복은 시간이 많이 필요한 옷 같아요.

　제가 혼자 만드는 것도 있고 대량인 경

우는 지인에게 부탁해서 해요. 바쁠 때는 남편이 새벽에 재단해 주기도 하고요. 저는 패턴을 공부했고 남편이 동양화를 공부했어요. 그런데 저보다 재단을 더 잘해요. 남편이 그린 걸 제가 만들기도 하는 식으로 협업하고 있어요.

'미티테이즈'라는 이름도 남편이 정한 거예요. 남편이 요식업을 했었는데 신혼집 유리창에 수많은 이름을 적으면서 어느 날 미티테이즈로 해야 한다는 거예요. 원래 '미티테이'가 루마니아어로 '작은 것들'이라는 뜻인데, 다진 고기를 뭉쳐서 만든 소시지 같은 전통 요리예요. 소고기와 돼지고기, 양고기를 섞어서 만들기도 하고요. 그게 어떻게 보면 조각들이잖아요. 조각보처럼 작은 것들이 모아져서 탄생한다는 의미로 지었대요. 한복하고 잘 맞나 싶기는 하지만 지금까지 쓰고 있어요.

루마니아어를 아는 사람에게는 한복 브랜드 이름이 전통 요리 이름과 같다는 것이 의아할 수 있겠지만 나는 두 사람의 정체성과 역사가 담긴 것 같아 좋았다. 요식업을 하던 남편이 신혼집 창문에 낯선 단어를 적어가며 앞으로 아내가 만들어 갈 브랜드의 의미를 찾던 시간은 얼마나 소중했을까.

한복 제작 과정도 궁금해요. 말씀하시는 걸 들으면 한복은 손으로 만드는 옷이라는 생각이 들어요.

손으로 하는 부분도 있고, 직선 부분은 재봉틀로 할 수도 있어요. 그런데 세심한 부분은 다 손으로 해요. 전체를 재봉틀로 할 수는 없어요. 원단 두 장을 붙이려면 시침을 해야 하는데 시침은 다 손으로 해야 하고 한복은 아주 많은 시침이 필요하거든요. 손이 많이 가요. 작업 시간은 돌 한복을 기준으로 그 작업만 집중하면 한 벌을 만드는 데 8시간 정도가 걸려요.

버려지는 옷을 복주머니로 리사이클링하는 프로젝트도 하셨잖아요. 돈이 안 되고 품은 많이 들어도 재미있는 일을 찾아 하신다는 느낌이에요.

네, 반응도 좋았고 다 다른 사연이 있는 옷들이었으니까 재미있었어요. 제 주변에서 가지고 있는 한복을 그냥 보내 주시는 분들이 많아요. 그런데 그걸 받기가 죄송하고 그 한복에는 다 사연이 있는 거예요. 그래서 복주머니를 만들어서 선물해 드리기 시작했어요. 옛날 한복 옷감은 정말 질 좋은 원단에 손으로 그림을 그린 게 아주 많아요. 지금은 그렇게 만드는 사람이 없어서 무척 귀해요. 색동 같은 경우에도 옛날 색동과 지금의 색동 원단은 전혀 다르거든요.

저는 섶을 되게 잘 달려고 하거든요. 섶이랑 깃을 아주 중요하게 생각해요. 한복 제작 말고 수선도 하는데 제가 만든 게 아니어도 다른 데서 만든 옷도 수선해 드려요. 그런데 그게 더 힘들어요. 바느질한 부분을 다 뜯어서 새로 만들어야 하거든요. 시간은 많이 걸리지만 한복은 한번 사려면 금액이 너무 비싸고, 그 안에 또 소중한 게 있으니까요.

손바느질로 한복을 만드시는 것 외에도 베틀로 직접 직조도 하시고 염색도 하시잖아요. 손이 많이 가는 과정들을 해 나가는 게 어렵지는 않으세요?

계속 연속해서 하다 보면 쉬워요. 제가 배울 때 보니까 스승님이 한복 한 벌을 금방 만드시는 거예요. 손이 안 보일 정도로. 어떻게 하면 그렇게 되냐고 여쭤봤더니 매일 하면 된다고. 하루도 쉬지 않고 바느질하고 일상생활에서 염색하고 원단 만들고 하다 보면 금세 된다고 하셨어요.

대화를 주고받으며 가장 놀라웠던 점은 장인 정신이 필요한 작업을 무척 가볍게 소개하는 현정 님의 태도였다. 직조하고 염색한 원단으로 손바느질하는 제작 과정이 무척 고될 것 같은데도 별것 아니라는 식의 말투에서 연습할 때는 아무 생각 없이 한다던 김연아 선수의 인터뷰가 떠오르기도 했다.

'생각보다 가벼운 마음으로, 차분하게 작은 것들을 이어 가는 날을 겹겹이 쌓아 간다. 그러다 보면 언젠가 눈에 보이는 성과가 만들어지겠지.' 그런 마음이라면 뭐든 가능하지 않을까. 나도 비슷한 희망을 품게 만드는 인터뷰였다.

이제 집에 대한 이야기를 해 볼까요? 구조가 무척 독특해요. 우리가 대화하고 있는 이 방이 사실상 거실이더라고요. 거실에 가벽을 세워서 작업실로 만드신 건가요? 작업하시기 좋은 구조의 집이라고 생각했어요.

저희 가족이 생활해 보니 거실을 잘 안 쓰더라고요. 아이들이 엄마 아빠에게 와서 다 같이 한 방에만 모여 있었어요. 방이 여러 개거나 거실이 있어도 우리는 한 방에만 모여 있더라고요. 처음 이 집을 구할 때 원래 여기를 상담실로 쓰던 곳이라고 했어요. 가벽을 없앨 수도 있다고 하셨는데 저희는 그냥 쓰기로 했지요. 저희가 딱 원하는 구조여서 이 집으로 결정했어요.

정말 현정 님과 잘 맞는 집을 만났네요. 여기 이사 오시기 전에는 어디서 작업하셨어요?

원래 셰어하는 작업실이 있었는데 함께 쓰던 분이 지방으로 가게 되면서 정리하게 되었어요. 그래서 복합공간으로 남편과 함께 운영한 가게에서 공간의 일부를 나눠 작업했고요. 애들 잘 때 작업을 해야 되는데 거기서는 새벽에 할 수가 없잖아

요. 그래서 작업실이 될 수 있는 집을 구하자 생각했어요. 살던 집 계약 기간도 아직 만료가 안 됐는데 이 집을 보고 너무 마음에 들어서 중간에 나와서 이사했지요. 다행히 아이 학교가 멀지 않아서 여러모로 저희가 원하는 곳이었어요.

신기하네요. 보통은 집에서 작업을 하다가 작업실이 필요해서 나가게 되는데 작업실을 운영하시다가 집으로 들어오신 거잖아요.

작업하는 시간이 일단 눈을 떴을 때 바로 해야 하는데 오가는 시간이 너무 많이 걸린다고 생각했어요. 밤에도 일을 해야 하니까 집이 더 낫겠다고 생각한 거죠.

반대로 집에서 일을 하게 되면서 불편한 점도 있을까요?

집에서 일하면 애들 때문에 많이 못 하는 경우가 있지만 애들이 없는 시간 안에 집중하면 되니까 더 좋았어요. 애들이 없는 시간은 제가 바로 작업실을 쓸 수 있으니까요. 제가 작업을 할 때 유진이는 들어와서 자기 할 걸 하기도 해요. 그림도 그리고 엄마 따라 바느질도 하고요. 서진이는 아직 어려서 작업실 문을 잠가 놓고 있어요. 접착제도 있는데 다 짜놓아서. (웃음) 뜨거운 다리미도 있고요.

대화하는 동안 자연스럽게 서진이가 들어와 엄마 무릎에 앉아 바느질을 했다. 위험하지 않을까 걱정했지만, 그들에게는 익숙한 풍경처럼 보였다. 그 모습을 보니 톱이나 망치 같은 공구를 어릴 때부터 다루는 교육을 받는 유럽의 아이들이 떠올랐다. 유진이와 서진이는 엄마의 작업실에서 다양한 재료를 경험하며 자랄 것이다. 그렇게 자라는 아이들의 상상력은 어디까지 뻗어 나갈까. 인터뷰하는 내내 아이들은 자유롭게 작업 공간을 오갔고, 일하는 엄마와 함께 있는 것이 익숙해서인지 짧고 귀여운 방해에도 인터뷰는 막힘없이 흘러갔다.

아이들은 집에서 일하는 엄마의 일을 어떻게 보나요?

주변에 특이한 소품이 많으니까 재미있어해요. 그런데 힘들어 보이는지 자기는 만들지 않겠대요. 대신 저에게 그림을 그려와서 똑같이 만들어 달라고 해요.

미래에 아이들이 사는 사회에는 지금 있는 것들이 많이 사라질 것 같아요. 저는 아이에게도 창작이 제일 중요한 것 같

아서 공부는 많이 안 시켜요. 1학년인데도 학교에서 공부를 왜 이렇게 많이 시키는지 깜짝 놀랐어요. 선생님께 "어머님은 공부에 치중을 많이 안 두시나 봐요."라는 이야기도 들었으니까요. 아직은 놀 때라고 생각해서 공부에 스트레스는 주지 않으려고 해요. 그림을 좋아하고 잘 그리니까 그것만으로도 됐다고 생각해요.

아이들 수업을 하기도 했는데 3학년 정도 되니까 꽤 잘하더라고요. 복주머니 정도는 금세 만들고요. 조금 땀수가 크긴 하지만 완성했다는 것 자체가 중요하잖아요. 요즘 아이들이 유튜브를 보면서 글루건으로 붙이는 식으로 옷을 만들고 싶어 하더라고요. 인형을 만들기도 하고요. 스스로 만드는 게 중요하니까 좋아 보여요.

집에서 작업하고 생활하시는 하루 일과는 어떻게 되는지 알려 주세요.

새벽에 일어나요. 일찍 일어나서 오늘 끝내야 하는 일들을 적어요. 작업 외에도 B to B 업무나 서류 작업 같은 걸 먼저 하고 새로운 작품 구상을 해요. 그다음에 지금이 방학 때라 아이들 도시락도 싸고 등교는 남편이 도와줘요. 10시부터는 출근이라고 생각하고 제 작업을 해요. 그리고 잠깐 점심 먹고 또 일하다가 4시에 데리러 가요. 그때부터는 아무것도 못 하는 거죠. (일동 웃음) 그때부터는 밖으로 놀러 가요. 밖에서 많이 뛰어놀고 빨리 재우는 편이에요. 보통 9시에 자는데 그때 저도 같이 자요. 원래는 아이를 재우고 밤늦게까지 작업을 했었는데 둘째 낳고 나니까 그게 안 되더라고요. 그래서 그냥 같이 자고 일찍 일어나요. 아이가 일찍 자면 8시에도 자니까 그러면 더 일찍 일어나서 일할 수 있더라고요.

주말은 어떻게 보내세요? 주말에는 가족끼리 보낸다든가 오히려 더 일에 집중한다든가 정해 놓은 규칙이 있으신지 궁금해요.

주말에는 주로 수업을 해요. 수업이 없을 때는 아이들과 밖으로 나가려고 노력하고 있어요. 정말 바쁠 때는 남편이 아이들을 데리고 나가고 그 시간 안에 제가 빨리 일을 끝내죠. 그러고 나서는 저도 허리도 펼 겸 같이 공원으로 나가요. 이 근처에 월드컵 공원, 평화 공원 같은 좋은 공원들이 정말 많거든요. 주말에는 최대한 아이들과 놀려고 해요.

일과 일상 사이에서 균형을 잡는 게 집에서 일하는 엄마들에게 무척 어려운 일이 잖아요. 거기에 대해서도 이야기를 듣고 싶어요.

이 일은 2014년부터 시작했어요. 일을 많이 하게 되면 아이한테 소홀해지고 또 아이한테만 너무 집중하면 일을 소홀히 하게 되는 거예요. 작년에는 새로운 시도를 많이 해서 일이 무척 많았거든요. 무대 소품 일을 하게 됐는데 지방으로 내려가서 해야 하는 거라 저는 무척 재미있었지만 아이들이 힘들어하더라고요. 어떻게든 끝냈는데 앞으로 다시는 하지 말아야지 생각했어요. 이번에도 큰일이 들어왔는데 아직 아이들이 어려서 포기했어요. 한 달 가까이 그곳에서 상주해야 하는 일이라 제가 지금 하는 일도 멈춰야 해서 처음으로 거절했어요. 아쉽기는 하지만 마음은 편해요.

거절하는 것에도 용기가 필요한 일인데 말씀을 들어보면 확고한 기준이 있으신 것 같아요. 일이나 육아나 스트레스를 크게 받지 않고 있다는 느낌도 있고요. 다 즐겁게 하시는 것 같아요. 집에서 일하는 사람은 가족의 지지가 버티는 힘이 되더라고요. 일을 하는 데 있어서 남편 분과의 호흡은 어떤가요?

저는 일을 쉬고 편하게 있어도 좋겠다고 생각하는데 오히려 남편이 계속해야 한다고 지금까지 해 온 게 아깝다고 해요. 일에 대한 대화도 많이 나누는 편이고 새로운 일에 대해 권유해 주기도 하고요. 엄청난 지지를 해 줘서 스트레스를 받아요. (웃음) 지금은 남편이 인테리어 일을 하는 프리랜서라서 제 일도 많이 도와주고, 식당을 했기 때문에 요리도 잘해서 아이들 밥도 잘 차려 주고요. 반대로 남편이 일이 있어서 한 달씩 현장에 나가 있을 때는 제가 혼자서 아이들을 다 돌봐요.

일을 할 때도 하룻밤 지나면 다 잊는 편이에요. 한복도 그렇고 복주머니도 그렇고 한 개 만들면 주인을 찾아 떠나보내잖아요. 작업하면서 '이것도 이제 끝나. 이것도 이제 떠나보낼 거야'라고 생각하면서 해요. 바느질하면서 스트레스를 푸는 것 같아요. 전체적으로 보면 긴 시간 작업하는 거지만 어느샌가 손이 만들고 있거든요. 그리고 주문 제작이다 보니 똑같은 걸 반복하는 게 아니라 항상 새로운 걸 만드니까 행복해요.

항상 새로운 걸 만드시는 게 힘들지는 않으세요? 너무 상업적인 생각일 수 있지만 인기 있는 품목을 양산해야겠다는 생각은 안 해 보셨는지 궁금해요. 그렇게 히트 상품이 나오기도 하잖아요. 작업도 수월하고요.

창작자가 저의 역할인 것 같아요. 작업을 할 때 그런 생각을 해요. 이 사람이 잘 되길 바라는 마음으로 만들거든요. 사업체에 뭔가를 만들어 줘도 거기가 더 잘 됐으면 좋겠어요. 더 잘 만들어 주고 그래서 그걸로 성공하면 또 주문이 들어오겠죠. 샘플도 여러 가지를 많이 만들어요. 한복을 만들 때도 디자인을 두세 가지 정도 해서 계속 수정해서 만들어 드리거든요. 그렇게 해서 남은 한 가지를 아주 잘 만들고 싶어요.

만들기 싫을 때는 억지로 하지 않고 일단 어디론가 떠나요. 계획 없이 무작정 여행을 가서 자연을 보면 마음이 좀 바뀌더라고요. 영감도 떠오르고요. 가볍게 버스로 가는 여행을 좋아해요.

여행 외에 취미가 있으세요?

뜨개를 좋아해요. 아이들 뜨개옷도 만들어서 입히고 싶은데 남편이 옆에서 그럴 시간에 바느질하라고 해서 아무도 없을 때 몰래 해요. (웃음)

뜨개도 어떻게 보면 일과 연관되네요. 옷, 아이들과도 연결되고요. 일이 스트레스라면 전혀 다른 취미를 갖고 싶으실 텐데 현정 님께서는 바느질이 정말 좋아하시는 일인가 봐요.

바느질이랑 뜨개도 좋아하는 일인데 원래는 춤을 췄어요. 발레리나를 꿈꾸면서 무대에 올라가는 게 너무 좋더라고요. 부상을 입어서 안 하게 됐지만 발레가 아직도 너무 좋아서 무대 소품일도 했죠. 올해 '마술피리', '람메르무어의 루치아' 두 작품을 했었는데 제가 만든 소품이 무대에 올라가는 것 자체가 좋더라고요. 촬영해서 영상으로 평생 남는다는 것도 좋았고요.

발레를 하셨다는 건 처음 알았어요. 부상으로 다른 길을 찾아야 했을 때 고민이 많으셨을 것 같아요.

그때가 중3에서 고1로 넘어갈 때였는데

인생의 갈림길이었어요. 별생각 없이 집 근처 사범대학 부속 고등학교에 갔어요. 그냥 간 건데 나는 뭐 해야 할지 고민하던 차에 마침 고등학교 미술 선생님이 그림을 해 보지 않겠냐고 하셨어요. 제가 그리는 게 좀 특별하다고, 정확하게는 발상이 특이하다고 하셨어요. 그래서 고2 때부터 미술학원에 다니기 시작한 거죠. 입시 미술을 하기에는 늦었는데 그 학원 선생님이 독특하게 입시 그림보다 수채화를 먼저 알려 주셨어요. 매주 학원에 가서 풍경화를 그리고 물감을 만지고 있으니까 힐링이 되더라고요. 대학은 발레 의상을 하고 싶어서 텍스타일을 공부했는데 기대를 품고 들어갔지만 컴퓨터 작업을 많이 하더라고요. 그래서 손으로 하는 작업을 별도의 취미로 갖게 되었어요. 그때 만난 취미가 규방 공예와 한복이었고요.

엄마가 어릴 때부터 뜨개질도 하시고 만드는 것을 잘하셨거든요. 인형 팔 만들어 달라고 하면 만들어 주시고 가구도 만드시고요. 어릴 때부터 그런 걸 보니까 만들기가 너무 재미있는 거예요. 지금도 그런 성향이 있어서 콜라주 작업을 많이 해요.

예체능을 전공하던 사람이 목표를 바꾸는 것이 얼마나 어려운지 잘 알고 있기 때문에 현정 님이 발레리나를 꿈꾸던 사람이었다는 사실이 놀라웠다. 한편으로는 춤을 추다가 방향을 바꿔 춤을 추는 사람의 옷을 만들어야겠다 생각하는 것이 현정 님다웠다.
지금 내가 목표를 향해 나아갈 수 없는 상황이더라도 미루거나 포기하지 않는다. 심각하지 않게 당장 내가 할 수 있는 것을 한다. 좋아하는 것과 가까운 방향을 바라보면서.

최종 꿈이라고 해야 할까요? 앞으로는 어떤 일을 하고 싶으세요?

한국의 창작 무대 소품과 의상을 만들고 싶어요. 한국적인데 창작된 시나리오의 의상, 소품 총감독을 하는 사람이요. 원래 독일에 가고 싶었어요. 오페라 소품을 만들면서 독일 연출가들을 많이 만났는데 소품에 대한 자세한 디테일들에 대해 이야기하면서 좋은 느낌을 받았어요. 독일에는 작은 극장도 많잖아요. 거기에서는 배울 게 많겠다는 생각이 들어서 가족이 다 함께 3년 정도 가는 걸 생각했는데 코로나 때문에 포기했지요. 지금은 시골로 가고 싶은 생각도 있어요. 경남 고성을 무척 좋아해서 거기 살고 싶은 마음도 있고요. 탁 틔어 있고 높은 건물도 없고. 서울은 아이들 공부를 너무 많이 시키는 것 같아요. 공부를 떠나 실컷 놀았으면 좋겠어요. 요즘은 새로운 꿈이 하나 더 생겼는데 한국적인 스테이를 만들어 보고 싶어요. 기회가 된다면 발레 의상을 만들어 보고 싶다는 생각도 해요. (여운)

한복 제작 말고 수선도 하는데
제가 만든 게 아니어도
다른 데서 만든 옷도 수선해 드려요.

그런데 그게 더 힘들어요.
바느질한 부분을 다 뜯어서
새로 만들어야 하거든요.

시간은 많이 걸리지만
한복은 한번 사려면
금액이 너무 비싸고,
그 안에 또 소중한 게 있으니까요.

창작자가
저의 역할인 것 같아요.

작업을 할 때
그런 생각을 해요.

이 사람이
잘 되길 바라는 마음으로
만들거든요.

고유한
작품이 되는
평범한 생활

루시

수집한 사물이나 일상을 단순화해 자신만의 색과 조형 감각으로
회화, 실크스크린, 도자기 등 다양한 작업을 합니다.
산으로 둘러싸인 작은 집에서 배우자, 어린이와 함께 살고 있습니다.
그림책 『우리 나가 놀자』를 쓰고 그리고, 『검은 행복』의 그림을 그렸습니다.

지금은 도자와 실크스크린 등 다양한 작업으로 영역을 넓히셨는데 처음에는 어떤 그림 작업을 하셨는지 궁금해요.

전집의 글을 받아서 그림을 그리는 작가였어요. 리아를 출산하고 한 살 때까지는 거의 일을 못했어요. 그때는 육아에 전념했고 3살 때부터 다시 전집을 시작했는데, 이 일이 일정이 짧아서 육아와 병행하는 게 힘들더라고요. 피드백을 받고 며칠 안에 수정해야 했거든요. 한번은 아버지가 편찮으셔서 서울에서 왔다 갔다 병간호를 해야 했는데 아이랑 떨어져 있다가 집에 돌아와 재우고 늦은 밤에 일하는 게 너무 힘든 거예요. 아이도 작업 중간에 시간이 많을 때는 괜찮다가 꼭 마감할 때, 바쁠 때만 아프더라고요. (일동 웃음) 그래서 '이렇게 일하는 것은 이제 못하겠다.' 마음먹고 이제 글, 그림을 다 작업하는 그림책 작가가 되어야겠다고 생각했어요. 제 원래의 꿈이기도 해서 계속 저만의 캐릭터를 준비했어요. 워크숍도 듣고, 그런데 생각보다 글을 받아서 하는 작업을 너무 오래하다 보니까 익숙하지 않은 작업을 하는 게 어렵더라고요. '줄에 맞춰진 그림 말고 내가 그리고 싶었던 걸 그려보자.' 일단은 방향을 정해 놓지 않고 다양한 그림을 그렸어요. 그게 리아가 5살 때부터였어요. 그렇게 지금까지 전시도 하고 다양하게 활동하고 있고요.

요즘에 글, 그림을 함께 작업하는 책이 있으신가요?

아직 진행 중이에요. 더미북은 있지만 되게 어렵더라고요. 16장면으로 표현해야 한다는 게 특히 어려웠어요. 그 안에 기승전결도 있어야 되잖아요. 지금까지 틀에 맞춰진 그림을 그렸던 거라 훈련하는 과정이라고 생각해요.

몇 마디 나누지 않은 짧은 대화에서도 루시 님이 무척 겸손한 사람이라는 인상을 받았다. 그림을 그리는 것을 업으로 삼아 왔던 사람이 여전히 그림 그리는 훈련을 하고 있다는 것을 스스럼없이 표현하는 것만 봐도 그랬다. 인터뷰 당시 진행 중이던 더미북은 책으로 나오지 못했지만, 최근 미디어 창비에서 루시 님이 글을 쓰고 그림을 그린 『우리 나가 놀자』가 출간되었다. 꾸준히 연습하고 노력했다던 루시 님의 시간이 결실을 맺은 것이다.

『검은 행복』 책 이야기도 해 주세요. 루시 님께 남다른 작업이었을 것 같아요.

매절로 계약하다 처음 인세를 받게 된 단행본이었어요. 글을 읽고 그림 작가의 해석이 들어가는데, 윤미래 님 글을 보고 저는 '그 사람들도 처음이고 몰라서 그래. 나쁜 의도를 가지고 한 건 아니었지만 상처받게 된 걸 거야.'라는 식으로 풀어서 스케치했어요. 그런데 그 시대는 또 다르니까 실제로 상처를 받았고, 그것 때문에 너무 슬픈 어린 시절을 보냈다는 걸 꼭 표현해 줬으면 좋겠다고 하시더라고요. 그래서 어린 주인공이 놀림받고 손가락질받는 걸 그려야 되는데 리아에게 스케치를 보여 주지 않으면서 했어요. 그런데 컬러링 들어갈 때 어쨌든 펼쳐져 있어서 보게 되잖아요. 그래서 얘기해 줬어요. 이건 어떤 가수의 이야기라고, 실제 윤미래 님 어릴 때 모습도 보여 주면서요. 그렇게 설명했는데도 처음에는 리아가 자기를 그린 거냐고 얘기하더라고요. 그래서 또 설명해 줬죠. 그랬더니 나중에는 '아, 얘가 아기 윤미래 이모구나.' 오히려 더 좋아하면서 계속 '검은 행복' 노래를 틀어 달라고 했어요. 이 책 들어가기 전에는 걱정했는데 제 걱정과 다르게 리아가 아무렇지 않게 '그럴 수도 있지. 내 피부도 까만데 나는 괜찮아.' 이런 식으로 생각하더라고요.

루시 님 하면 타라 인형도 빼놓을 수 없잖아요. 그림을 그리다가 인형을 만들게 된 시작이 궁금해요.

타라는 리아 태명이에요. 리아가 어릴 때 머리가 곱슬이라서 양쪽에 솜사탕을 놓은 것처럼 너무 귀엽더라고요. 그 모습을 그리다가 타라라는 캐릭터를 만들게 됐어요. 일러스트레이션 페어를 참가하게 되면서 타라, 하띠라는 캐릭터를 인형으로 만들게 된 거죠. 원래 타라에게 주려고 그전에도 인형을 만들었거든요. 책으로 만들고 싶은 것도 이 얘기인데 타라라는 캐릭터로 아이의 생활을 이야기하고 싶어요. 그런데 이게 현실이니까 현실과 캐릭터가 어느 정도 떨어져야 할지 고민이에요.

근데 아이러니한 게 인형은 아이들을 위해 만든 건 아니었어요. 제 작업이 뭔가 다 아이 그림 같지만 사실 '이건 어른을 위한 거다, 이건 아이가 보는 거다.' 정하고 작업하는 게 아니거든요. 그런데 어쩌다 보니 타라, 하띠 인형이 어린아이들의 애착 인형이 돼서 제가 할 수 있는 범위

보다 더 많은 사랑을 받게 된 거예요. 그런데 그림 작업할 시간이 줄어드는 게 아쉬웠던 때에 중국인이 카피했던 사건이 있었어요. 그때 충격이 컸고 더 이상 만들지 않게 되었어요. 저는 시간이 많이 들어가더라도 하나하나 아트피스라고 생각하거든요. 인형을 만들 땐 다른 걸 아예 못해요. 집도 원단이 여기저기 널려 있고 저는 폐인처럼 바느질만 하고 있고요. 그래서 일 년에 한 번씩 시간을 내서 하고 있는데 이게 며칠 시간이 남는다고 할 수 있는 게 아니고 적어도 2개월은 필요해요. 아직도 가끔 물어보시는 분들이 계시는데 언제 시간이 될 때 소량으로 만들고 싶어요. 인형 만드는 일이 정말 재밌거든요.

특히 얼굴 표정을 만들 때요! 생명을 불어넣는 것 같아요.

하띠는 어떤 캐릭터인가요? 생김새를 보면 코끼리에서 모티브를 가지고 오신 것 같아요.

네, 타라에게 친구를 만들어 주고 싶었어요. 코끼리 귀가 동그랗고 커서 타라랑 머리 모양이 비슷하잖아요. 최근에는 쿠키(루시 님의 반려견)를 닮은 강아지 캐릭터도 만들었어요. 의도하고 만든 건 아닌데 결이 비슷한 캐릭터들이 만들어지는 것 같아요.

전 취향이 확실한 편이에요. 그래서 제

남편이나, 친구들도 생김새는 다르지만 비슷한 결이더라고요. 다른 사람들을 만날 때도 그런 것 같고요. 인연이 맺어지는 걸 보면 지역이 멀리 떨어져 있어도 어떻게 이렇게 많은 사람 가운데서 서로를 알아보고 이어질까 신기해요. 끌리는 사람이나 물건들은 결국 자기와 비슷한 에너지가 있는 것 같아요. 그런 이야기를 계속하고 싶어요.

나다운 것을 알고 있다는 건 개인이 브랜드가 되는 요즘 같은 시대에 여러모로 유리한 장점이다. 자기만의 색을 고민하는 창작자가 아니더라도 누구나 한 번쯤은 나다움에 대한 고민을 해 본 적이 있을 테니까. 루시 님의 이야기처럼 결국에는 나다움이란 어디 멀리서 찾는 것이 아니라 나와 관계를 맺고 있는 가까운 사람들이 곧 나의 결을 보여 주고 있는 게 아닐까.

남편인 나게쉬 님의 고향인 인도도 루시 님에게 중요한 부분일 것 같아요. 인도에 가셔서 우드블록으로 패브릭을 만드신 걸 봤는데 컬러풀한 색감에, 손으로 일일이 찍어야 하는 작업 과정까지 루시 님과 딱 어울린다는 생각이 들었거든요.

많은 창작자들에게 그렇겠지만 인도는 제 영감의 원천이에요. 인도는 워낙 넓어서 주마다 다른 나라 같아요. 언어도 다르고 사는 모습도 달라요. 버스나 지하철, 기차만 타고 다녀도 환경이 바뀌는 게 재미있었어요.

시댁에 가면 재미있는 게 많아요. 저는 빗자루나 양동이 하나도 너무 신기한 거예요. 시어머니가 결혼하셨을 당시에는 상수도가 없어서 물을 길어와 써야 했대요. 그래서 혼수로 동으로 된 양동이를 해오셨는데 제 눈에는 너무 멋진 거예요. 창고 방 위에 막 쌓여 있는데 제가 너무 갖고 싶다고 가져가도 되냐고 하니까 막 웃으시면서 이런 게 도대체 왜 갖고 싶은 거냐고 신기해하셨어요. 저한테는 모든 게 새롭고 영감이 되는데 시부모님들은 그런 절 재미있어하셨지요. 그 마을에 외국인은 제가 처음이었대요. 사실 결혼하기 전에 남편 가족을 만나 뵙지 못하고 있다가 결혼할 때 처음 여기 오셨거든요. 친구들이 어떻게 가족을 안 만나보고 결혼을 결정하냐고, 두렵지 않냐고 했는데 저는 남편을 봤으니까 괜찮았어요. 남편을 5년 동안 만나면서 남편의 성품을 알았기 때문에 가족도 남편 같은 분들일 거라 믿었던 것 같아요.

블록 프린팅은 평소 제가 좋아해서 언젠가 해 보고 싶어서 천을 구입해 놨었거든요. 그러다 몇 대에 걸쳐서 대대로 블록 프린팅만 하는 곳을 알게 되어서 가게 됐어요. 관광지가 아니라서 같은 인도지만 시댁에서 기차로 40시간을 가야 했어요. 대중교통이 없어서 택시를 빌려서 들어가야 했고요. 그래도 남편이 도와줘서 갈 수 있었죠.

집에서의 하루 일과는 어떻게 되세요?

아침에 리아를 학교에 데려다주고 9시쯤 수영 강습을 가요. 접영을 마스터하고 싶어서 10년 만에 강습에 등록해서 8개월째 다니고 있어요. 40대로 넘어오니 작업을 오래 하려면 운동이 필수라는 걸 깨달았어요. 그 이후에는 작업을 해요. 5시에 남편과 아이가 함께 집으로 돌아오면 저녁 시간은 가족들과 함께 보내는 편이에요. (루시 님은 현재 춘천 레지던스에 입주하게 되어 입주 작가로 활동 중이다. 대형 캔버스 작업을 할 수 있는 넓은 공간이 생겨서 무척 만족하고 있다고 하셨다. 요즘은 수영 강습이 끝난 뒤 작업실로 출근해서 4시 반까지 작업하다 남편과 리아를 태워 함께 퇴근하신다고.)

이가 원하면 도와줄 수 있게 하는 편이에요. 지금은 커서 어릴 때처럼 제 일에 관심이 없지만요. (웃음)

작업실도 아이에게 오픈해 놓으시는 편 같아요. 엄마가 그려 놓은 그림을 리아가 실수로 건드린 적은 없나요?

어릴 때부터 리아와 만들기랑 그리기를 많이 하면서 시간을 보냈는데 제 물감을 다 만지게 해 줬어요. 그림 그리고 싶다면 제 옆에 앉아 같이 그릴 수 있게 했고요. 못하게 하거나 차단하는 게 아니고 언제든지 만질 수 있고 할 수 있게 해 주면 오히려 아이가 원할 때 할 수 있다는 생각에 방해하지 않더라고요.

리아가 그림에 실수를 한 건 몇 번 있었던 것 같은데 크게 수정할 수준은 아니었고 제가 아크릴로 작업하니 수정이 쉬운 편이었어요. 한번은 '강원트리엔날레'에 전시했던 그림의 넓은 면적을 칠하고 있으니까 같이 하고 싶어 하더라고요. 테두리는 제가 그리고 안쪽 부분을 칠하라고 해서 같이 그렸어요. 그림 앞에는 제가 사인을 했는데 뒤에는 아이도 사인을 해서 함께 완성한 그림이 되었어요. 아주 어릴 때는 그렇게 해 주지 못했지만 이제 아

아이와 함께 집에서 일하는 엄마의 작업 풍경은 어디든 비슷하구나 웃음이 났다. 집에서 글을 쓰고 있으면 내 노트북은 금세 아이들의 타자 연습기가 되고 만다. 그래서 노트북을 내어 주고 수첩을 꺼내면 내가 왼쪽 페이지에 글을 쓰는 동안 어느새 따라와 오른쪽 페이지에 그림을 그리고 있다. 나도 지금처럼 노트북과 수첩을 마음껏 만지게 해 주는 날들이 쌓이면 언젠가 엄마가 하는 일에 관심 없어지는 날이 오려나.

집에서 혼자 일하다 보면 나태해지기도 하고, 스스로 규칙을 만들어야 하잖아요. 어떤 스타일로 작업하시는지 궁금해요.

저는 마감이요. 확실히 적당한 긴장감이 영감이 되는 것 같아요. 그리고 리아 덕분에 규칙이 생겼어요. 옛날에는 밤낮이 바뀌었거든요. 8시까지 출근하는 남편 대신 리아 아침 챙겨 주고 학교에 데려다줘야 하니까 강제로 일어날 수밖에 없잖아요. 덕분에 규칙적으로 수영도 하고 루틴이 생겼지요.

평소 루시 님을 보면 일정은 바쁘신데도 종종거리지 않는 느낌이더라고요. 마당이 있는 주택에 사시고 쿠키도 있는데 사실 식물과 반려견을 돌보는 게 아이 하나만큼의 애정과 시간이 필요하잖아요. 게다가 여기는 음식 배달이 안 되는 곳이기도 하고요. 요리를 좋아하는 것과 매 끼니를 직접 해결해야 하는 건 또 다른 문제인데 버거워 보이지 않는 게 항상 신기했어요.

아마도 인스타라서. (웃음) 저는 좀 성격이 느긋해요. 그래서 어릴 때부터 '시간을 붙들어 놨냐.' 뭐 이런 얘기를 들었어요. 제 안에는 두 사람이 있는데요, 느긋한 거랑 다르게 또 뭔가 일을 할 때 매끄럽게 진행되게 착착착 계획해서 하는 걸 좋아해요. 할 일이 있을 때는 먼저 생각을 하고 버리는 시간 없이 움직이는 편이에요. 요리를 할 때를 예를 든다면 팬을 예열해 두고 순서대로 채소를 잘라 팬에 넣고 볶다가 남은 채소를 넣는 식으로요. 그래서 식사 준비에 화구 3개를 동시에 다 써요.

그렇게 절약한 시간에는 누워서 게으름을 피워요.

배달 음식은 치킨, 피자 말고는 아파트 살 때도 잘 시켜 먹지 않았어요. 저는 먹는 걸 너무 좋아해서 식은 음식 먹는 걸 싫어해요. 남편과 저 둘 다 요리를 즐겨하는 편이라 배달 음식 없이 시골에서 잘 지내는 거 같아요.

인터뷰를 위해 루시 님 댁에 들어왔을 때 우리를 가장 먼저 반겨 준 건 쿠키의 환영 인사와 향긋한 커리 냄새였다. 주방에서는 루시 님 부부가 빵을 굽고 커리를 만들고 계셨는데 그 모습 역시 무척이나 자연스럽고 느긋해 보였다. 덕분에 우리는 인터뷰가 끝나고 진짜 인도 커리가 차려진 근사한 식탁을 선물 받았다.

예전에는 계속 책상에 앉아 있어야지만 작업이 된다고 생각했는데 요즘에는 막 딴짓을 하고 커피를 마신다든가 작업방을 꾸민다든가 집 정리 같은 걸 하다가 그리고 싶어질 때 그림을 그려요. 그래야 짧은 시간에 빨리할 수 있다는 걸 깨달은 거예요. 그래서 작업을 하겠다고 무조건 앉아 있지 않아요. 다른 일들이 너무 많아서 작업할 시간이 없다고 했지만 지금은 그 시간들이 다 모여서 오히려 작업할 수 있는 힘을 만들어 주는 것 같아요. 또 연차가 쌓이다 보니까 그림을 그릴 때 뭔가 떠오를 수 있도록 시간을 주는 게 필요하다는 걸 알았어요. 그래서 다른 일을 하고 있다가도 '맞다, 이런 그림 그리면 재밌겠다.' 싶으면 메모장에 써 놨다가 나중에 그림을 그릴 수 있는 상황일 때 바로 작업해요.

단독 주택에 사는 건 어떠세요?

남편이 야근이 없고 일찍 퇴근해서 저녁이 있는 삶을 살고 있으니까 육아와 집안일도 함께 하고 마당 일도 많이 하고 있어요. 주택 살이가 손이 많이 가는데 다행히 남편이 식물 키우는 걸 좋아해서 정원 관리를 하고 저는 봄에 손이 많이 갈 때 거드는 편이에요. 이제 저희도 주택 살이 7년 차가 됐거든요. 아직은 집에 문제가 생기거나 그럴 때는 아니어서 고장 난 건

없는데 2년에 한 번씩 대문, 펜스에 페인트를 칠할 때는 가족 모두 함께해요. 어린이는 금방 싫증 내고 집에 들어가지만, 저도 남편도 아직까지 재밌게 하는 편이에요. 더 늙으면 어떨지 모르겠네요. (웃음) 원래 제 전공이 가구 디자인이었거든요. 그래서 나무를 다루고 페인트칠하고 리폼하고 그런 거 좋아해요. 남편도 저도 그런 것들을 재미있어하는 편이고요. 그런 걸 귀찮다고 생각하면 너무 힘든데 전원주택은 둘 다 좋아하지 않으면 못 살 것 같아요. 부부 싸움도 많이 할 거고.

저는 일에 있어서 젠더 구분하는 걸 싫어해요. 물리적인 힘이 부족해서 할 수 없는 게 아닌 이상 필요하면 직접 하는 편이에요. 집을 꾸미고, 요리를 하고, 사진을 찍는 것들이 제 작업에 영향을 준다고 생각하기도 하고요.

집을 고를 때 어떤 걸 중요하게 생각하셨는지 궁금해요.

이 동네가 마음에 들었던 거라 다른 곳은 안 봤어요. 여기는 남편이 걸어서 출근할 수 있었고, 전에 누리던 생활권도 멀지 않았어요. 집이 너무 산 밑으로 깊숙이 들어와 있어서 걱정이긴 했는데 산에 둘러싸인 풍경에 반했지요. 오늘도 안개가 껴서 너무 멋지잖아요. 이 집은 저희가 들어올 때 외관만 지어져 있었고 인테리어는 하나도 되어 있지 않았어요. 대지 비용과 건축비에 인테리어 비용이 포함되어 있었는데 제가 건축사 사장님 따라다니며 자재 고르고 포토샵으로 디자인해 보고 완성했어요.

실제로 부슬비가 내리던 날이었는데도 나게쉬 님은 검은색 우비를 입고 나가 마당 일로 분주했다. 루시 님의 말을 빌리자면 물욕은 없어도 식물 욕심은 있으시다는 분. 이때만 해도 2층에 온실을 갖고 싶어 하셨는데 책 작업이 진행되는 사이 2층에는 온실이, 마당에는 화덕이 뚝딱 만들어졌다. 아마도 추진력 좋고 부지런한 나게쉬 님과 스트레스받지 않고 즐기는 루시 님이 의기투합해서 탄생한 결과가 아닐까.

춘천이 고향은 아니라고 알고 있는데 여기 오시게 된 이유가 궁금해요.

저는 서울에서 계속 자랐고 29살에 남편이랑 결혼하면서 춘천으로 오게 되었어요. 남편이 강원대에서 박사과정을 하게 돼서 여기는 남편에게는 제2의 고향 같은 곳이고 저도 서울을 떠나 처음 살게 된 곳이에요. 처음에는 양가 부모님 도움 안 받고 가난하게 시작했어요. 없는 돈을 쪼개서 둘이 합쳐서 70만 원 정도밖에 안 쓰고 반지 하나 맞춰서 폐물도 그걸로 딱 끝내고요. 신혼집이 처음에는 단칸방, 그 다음에는 남편 사옥, 이렇게 지내다가 조금씩 넓혀 왔는데 남편 꿈이 단독 주택에 사는 거였어요. 원래 인도는 땅이 넓으니까 주택에서 살았던 사람이라 아파트가 싫은 거예요. 그때도 텃밭을 빌려서 항상 주말마다 가서 먹고 싶은 채소들 길러 먹고 그랬거든요. 그러다 지금 살고 있는 동네를 우연히 남편이랑 드라이브하다가 발견했어요. 그때가 복사꽃 필 때였는데 너무 예뻤어요. 시내랑 10분 정도밖에 차이 안 나고 고속도로 바로 앞에 있고. "이 동네 뭐지, 여기 너무 좋다." 그랬어요. 시내랑도 가까운데 뭔가 전원의 삶도 느낄 수 있었죠. 돈도 없으면서 자주 구경만 왔었어요. 그때부터 이제 꿈이 생긴 거죠. 서울에서는 꿈도 못 꿨을 텐데 그래도 춘천이니까 가능했어요. 돈을 모아서 생각보다는 빠른 시간에 전원생활을 시작할 수 있게 되었어요.

끝으로 집에서 중요하게 생각하는 것이 있으신지 궁금해요.

집에 자기 공간이 있다는 게 무척 중요한 것 같아요. 꼭 작업을 하는 사람이 아니어도 육아를 할 때도 나만의 공간이 필요하거든요. 저에게는 그게 작업실이고 남편에게는 마당이에요.

집에서 일하는 사람들을 인터뷰하면서 공통 질문처럼 자주 묻게 되는 게 일과 일상의 분리 혹은 그 둘의 균형을 유지하는 방법이었는데 루시 님에게는 그 질문이 필요하지 않아 보였다. 요리를 하고, 집을 가꾸는 사소하고 지루할 수 있는 시간들이 일을 방해하는 요소가 아니라 오히려 영감의 조각처럼 보였으니까. 루시 님은 평범한 일상을 잘 살아갈수록 더 좋은 작업을 하는 사람이었다.

인연이 맺어지는 걸 보면
지역이 멀리 떨어져 있어도
어떻게 이렇게 많은 사람 가운데서
서로를 알아보고 이어질까 신기해요.

끌리는 사람이나 물건들은 결국
자기와 비슷한 에너지가
있는 것 같아요.

그런 이야기를
계속하고 싶어요.

집에 자기 공간이 있다는 게
무척 중요한 것 같아요.

꼭 작업을 하는 사람이 아니어도
육아를 할 때도
나만의 공간이 필요했거든요.

저에게는 그게 작업실이고
남편에게는 마당이에요.

아름답고
용감한
선택

선과영

복태, 한군

'선과영'이라는 이름으로 음악활동을 하고 있고,
2022년 1집 [밤과낮]을 발매했습니다.
태국 치앙마이에서 소수민족 바느질을 배워와
한국에서 '죽음의 바느질클럽'을 운영하며
옷 짓기와 자수, 수선 수업을 하고 있는 부부 작업자입니다.

복태, 한군 님을 떠올리면 음악과 바느질이 함께 생각나요. 먼저 치앙마이식 바느질을 하고 계시잖아요. 어떻게 바느질을 시작하게 되셨는지 얘기해 주시겠어요?

2016년에 우연히 가게 된 치앙마이 여행에서 카렌족(고산지대에 사는 소수민족)의 바느질을 배우게 됐어요. 치앙마이에는 소수민족들이 많거든요. 친구 소개로 '페이퍼 스푼'이라는 카페를 가게 되었는데, 그곳에서 카렌족들이 손수 만든 아이옷을 발견하게 됐죠. 거길 나오는 길에 바느질을 하고 있는 저희 스승님을 만나게 된 거예요.

'페이퍼 스푼'이 있는 공간은 다섯 명의 친구들이 함께 운영하는데, 거기 친구들이 영어도 잘하고 문화 예술적으로 해박해요. 굉장히 예술적 역량이 높다고 해야 할까요? 여행도 많이 다니고요. 문화를 향유할 줄 아는 친구들이에요. 님만해민에 마야몰이라는 무척 큰 쇼핑몰이 있는데, 그 근처에 빨간색 간판으로 된 '란라오'라는 서점이 있어요. 한국 사람들도 많이 가는 서점인데, 거기도 그 친구들이 하는 곳이거든요. 음악회를 열기도 하고 전시도 열려요. 그 친구들 중 한 명은 농장을 가지고 있는데 거기서 친환경 농법으로 작게 농사도 짓고 천연염색을 하기도 하고, 페스티벌도 열고, 자체적으로 재밌고 다양한 뭔가를 꾸준히 해요. 치앙마이에는 크래프트 마켓이 많잖아요. 그런데 그 친구들이 주관하거나 참여하는 마켓은 좀 달라요. 한국의 마르쉐 같은 느낌도 나는데요. 오가닉 제품이나 먹거리 등을 주로 다루고, 소소한 네트워크의 장으로 자연스레 관계를 맺게 돼요. 모두가 친절하고 따뜻해서 뭔가 진짜를 만난 것 같은 기분이었어요.

두 사람의 이야기를 들으며 치앙마이에 다녀왔던 장면들이 떠올랐다. 카페 겸 소품샵이라고 생각했던 페이퍼 스푼과 작지만 아름다웠던 란라오 서점이 유독 좋았던 이유가 여기 있었구나. 그곳을 꾸려 가는 사람들에 대해 듣고 나니 많은 궁금증이 풀렸다.

치앙마이의 특정 제품이나 브랜드에 매력을 느껴서 바느질을 시작하셨다기보다 그곳 사람들과 문화가 마음에 들어서 시작하셨다는 생각이 드네요.

무엇보다 공동체십이 좋다고 느꼈어요. 그곳 친구들은 다양한 가족의 형태를 이루고 있어요. 오래된 커플도 있고, 결혼한 부부지만 아이가 없는 사람도 있고. 그런데 아이가 있는 집 아이들을 자신의 아이처럼 서로가 돌봐요. 대신 저녁을 먹이고, 학교를 데려다주고, 데리고 오고요. 같이 놀러가기도 해요. 거기 어떤 분의 어머니가 계신데 나이가 굉장히 많으시거든요. 모두가 그 할머니를 자신의 엄마처럼 함께 돌봤어요. 책방에서 하는 시낭송이라든지 행사에 빠지지 않고 함께 앉아 계시더라고요. 서로가 서로를 챙겨 주는 문화가 있어서 친구처럼 지내고. 저희가 갔을 때도 그랬는데, 그게 무척 감동적이었어요.

복태, 한군 님도 공동육아를 하고 계시잖아요. 여기 성미산 마을이 육아 공동체로 유명하다고 들었어요.

공동육아 어린이집은 조합형이 있고, 국공립에서 위탁 운영하는 곳이 있는데 저희 셋째가 다니는 곳은 국공립 공동육아 어린이집이에요. 조합비가 따로 들지 않아서 3대가 덕을 쌓아야 다닐 수 있는 곳이라고 하죠. (웃음) 저희 첫째와 둘째는 초등학생인데 '도토리마을방과후'라는 조합형 공동육아 초등 방과 후를 다니고 있어요. 한 달에 일정 금액을 조합비로 내는데요, 아이들은 학교가 끝난 후 이곳에 가서 함께 놀고 같이 밥 먹고 살림하고 동아리 활동도 하고 회의도 하며 규칙을 정하면서 공동체성을 익혀요.

소수의 사람들이 여기를 성미산 마을로 부르면서 이제 마을 공동체 투어를 오기도 하고 공동육아로 유명해졌지만 사실 진입 장벽이 있어요. 심지어 이 마을이 이런 가치를 지향하고 있는 공동체인지 모르고 있는 사람들도 많고요. 하지만 여기만의 에너지가 확실히 있지요. 여기는 진짜 마을 같은 곳이에요.

공동체를 중요하게 생각하는 것과 공동육아에 대한 것까지 두 분의 라이프 스타일 이야기를 들어 보면 귀촌도 생각해 보셨을 것 같아요. 서울을 떠나서 사는 건 생각해 보셨나요?

저의 꿈은 서울에서 만난 남자와 시골에서 살기였어요. (웃음) 그리고 한군을 딱 만나게 되었죠. 서울에서 만났지만 저

는 서울 사람, 한군은 전주 사람이거든요. 그래서 연애시절 진안으로 귀촌을 했었어요. 그런데 아이가 생겼고, 임신을 하니까 바뀐 환경에서 지내기 어렵더라고요. 그래서 어쩔 수 없이 다시 서울로 올라왔지만 계속 생각은 하고 있었어요. 결혼하고 인감도장 찍을 때도 제주에서 살아 볼까 이야기하기도 하고, 귀촌한 친구들한테 그 지방은 어떤지 계속 물어보고 했는데, 성미산 마을은 비슷한 뜻을 가지고 모인 부모들이 아이를 함께 키우고 있으니까 가치관이 통해서 좋았어요. 그 안에서 의견 충돌도 있지만 물가나 생활 방식, 육아를 생각하면 우리 동네가 최고라고 생각했지요.

가끔은 시골 마을보다 여기가 더 마을 같고 오히려 귀촌한 느낌이에요. 밥을 사 먹든 뭘 하든 걸어 다닐 수 있고, 친구들이 있고, 든든하게 아이를 맡길 수 있는 분들이 있고. 그래서 성미산 마을에서 내가 살 수 있는 방법을 찾아야겠다고 생각했어요. 지금 살고 있는 집을 사거나 전세를 더 이어 갈 수 있는 방법을 생각하고 있지요.

재미있는 일화가 하나 있는데 이 마을에 살고 있는 한 중학생 친구가 자기는 스무 살이 되면 서울로 이사 갈 거라고 했대요. 이 마을을 떠날 거라고. 대안학교 다니면서 전래놀이하고 맨날 산에 올라가고 흙 묻히고 노니까 이 동네 아이들한테는 여기가 시골인 거예요. 그 친구가 생각하는 서울은 메세나폴리스 같은 쇼핑몰인데 바로 이 근처잖아요. 여기서 10분만 나가도 홍대, 망원인데 재미있죠. 시골 같은 곳에 살지만 내가 편리함을 추구하려면 언제든 나갈 수 있고 필요한 걸 취할 수 있다는 게 너무 좋아요. 저희에게는 여기가 최적이에요.

그동안 자신이 지향하는 바와 딱 맞는 동네 찾기가 무척 어려운 일이라고 생각했는데 복태, 한군 님의 이야기를 듣다 보니 내 가치관이 좋은 것들을 볼 때마다 갈대처럼 흔들려서 삶의 기준을 잡지 못했던 게 아닐까라는 의문이 생겼다. 살기 좋은 동네는 원하는 삶의 모습이 분명한 사람에게만 보이는 게 아닐까.

그러면 여기에 정착하실 생각이신가요?

중학교부터는 대안학교를 보낼 예정이라 귀촌 생각도 있어요. 그때는 기숙형 대안학교에 보낼 생각이라서요. 그때가 되면 저희도 더 알아봐야겠죠. 저희도 대안학교에서 교육을 했지만, 워낙 다양한 대안학교가 있으니까요. 다른 집 아이들은 문제집 풀고, 선행학습도 한다는데, 여러 학원을 돌다 녹초가 돼서 밤에 집에 오는 아이들을 보면 생각이 많아요. 한군은 아이들이 지금 이 순간 행복한지 아닌지 그걸 되게 중요하게 생각해요. '공부는 행복할 만큼만 하자.' 이런 주의죠. 문제는, 안 하는 게 제일 행복한지 공부를 안 해요. (일동 웃음)

집을 구하실 때 그럼 주거 형태보다 동네를 우선시하는 편일까요?

우선은 동네요. 저는 여기가 원래 제 고향 같아요. 포근하고 집에 온 느낌이고. 저희는 아이가 셋이고 아이들이 크면서 각자의 방을 원하기 때문에 방 5개가 있는 집으로 가려면 언젠가는 시골로 갈 수밖에 없다고 생각하지만, 이 마을에 살 수 있다면 어떻게든 여기 있어야겠다고 생각하고 있어요. 아이들에게도 친구가 너

무 소중해졌고요. 이제는 아이들의 친구가 있는 곳도 중요해요.

두 분을 보면 용감한 예술가 부부라는 느낌이 들어요. 한 사람은 안정적으로 가정 경제를 이끌고, 한 사람은 예술 활동을 하는 식으로 균형을 맞추기보단 두 분이 함께 헤쳐나가는 느낌. 그 용기와 원동력은 어디서 나올까요.

저희 조금 전에도 그 얘기를 했어요. 평소에도 자주 해요. 저희는 팀으로 같이 활동을 하잖아요. 한 명만 활동을 했다면 다른 한 명이 아이를 보고 또 다른 한 사람은 연습을 하거나 집중할 수 있었을 거예요. 그런데 저희는 같이하니까 친정에 맡기지 않으면 일을 할 수가 없어요. 공연이 있을 때는 부모님께 맡기지만 평소에 연습이나 작업을 위해 맡길 수는 없고요. 그리고 예술을 하는 걸 떠나서 생계가 있잖아요. 둘이 생계도 책임져야 하니까 늘 우선시되는 게 생계 활동과 육아인 거예요. 그래서 공연을 하거나 수업을 하는 것도 수입을 위해 뛰고 나서 이제 우리 작업을 하려면 시간이 없어요. 왜냐면 어린이집에서 오래 있더라도 5시 이후에는 아무것도 할 수 없으니까. 또 조합이다 보니 부모 모임 같은 회의도 많고요.

저희는 공연을 주로 하기 때문에 늘 5월까지는 수입이 없어요. 매년 그래 왔거든요. 그래서 돈을 모아 놔야 돼요. 미리 5개월 분을 벌어 놔야 그다음 5월까지 버티고 그다음에 또 일을 할 수 있거든요. 겨울은 공연 비수기라고 할 수 있어요. 그래서 저희는 차리리 여행을 가요. 돈도 없는데 추운 겨울에 한국에 있으면 너무 서러운 거예요. 돈 쓸 데 밖에 없는데. 그래서 어차피 돈 쓸 거 나가서 쓰자 하고 여행 가요. 그걸 보고 누군가는 얘네 벌 만큼 버나 보다 생각할 수 있겠지만 그게 아니라 생존을 위해서 가는 거거든요. 있는 돈 없는 돈 다 끌어 모아서. 다녀오면 0원이고. 그래서 코로나, 메르스, 세월호 참사 때는 공연이 다 취소돼서 진짜 암담했었어요. 모아 놓은 돈은 없고 대출을 받아야 되나 생각했죠. 그런데 저희는 프리랜서니까 대출도 안 나오거든요. 그래서 계속 불안한 날들을 보내요. 그러다 5월부터 다시 공연하면서 괜찮아지고. 지금은 다행히 '클래스 101'에서 바느질 수업을 하게 되어서 앨범 작업을 시작하게 됐어요. 음악가로서 더는 앨범을 미룰 수 없다고 생각했거든요. (인터뷰 당시 준비 중이던 복태, 한군은 선과영이라는 이름으로 정규 앨범 1집 [밤과낮]을 발매했다.)

추운 겨울마다 제주와 치앙마이로 떠나던 복태, 한군 님 가족들의 여행 사진들이 떠올랐다. 그저 좋아 보이던 모습의 속내를 알게 되니 이 가족이 어려움을 극복하는 방법에 감탄이 나왔다. 할 수 있는 가장 멋진 방법으로 자신만의 어려움을 극복하는 방법을 아는 사람들이었다.

부모로 살면서 예술을 한다는 건 정말 어려운 일인 것 같아요. 생계처럼 중요한 것들을 다 쳐내고 이제 작업할 환경을 갖추려면 또 새로운 문제들이 찾아오니까. 그것들을 쳐내다 보면 아무것도 집중이 안 돼요. 그래서 아침에도 한탄했어요. '예술을 하는 게 맞나. 이게 맞을까. 그래서 다들 꿈을 내려놓고 생계와 육아만 집중해서 사는 것인가. 그러면 너무 슬프지 않은가?' 그런 얘기를 나눴거든요. 그나마 우리는 육아는 열심히 하니까. 그래도 잘 살고 있다고 생각하는데 또 우리는 예술인이니까 그것만으로는 부족하다. 뭔가 우리 걸 꺼내 놔야 되는데 그게 안 되니까 서로 예민해지기도 하는 것 같아요. 애들 재우고 기타라도 잡으려고 하면 깰까 봐 신경 쓰이고. 새로운 걸 만들어 내기 어렵잖아요. 뭐가 나오겠어요. 그러면 '내가 이 상황에 뭘 하겠어.' 기타를 다시 걸어 놓거든요. 그럴 땐 허무해져서 나를 스쳐간 수많은 음악가들이 생각나요. 같이 공연했던 걔는 지금 TV에 나오고, 대중음악상을 받았네, 어디에 노미네이트 됐네. 하지만 내 환경과 아이들을 탓하고 싶지는 않아요. '내가 선택한 길이고 나의 길은 다를 수 있는 거야.' 여기서 포기하지만 않으면 되는 거라고 다시 저희의 자리로 돌아오죠.

이름이 꽤 알려진 그들 역시 어려움을 겪고 있는 걸 보면 누군가에게는 위안이, 누군가에게는 불안이 될 수도 있겠다는 생각이 들었다. 기뻐할 만한 일은 이 인터뷰 후 앨범을 무사히 발매하고 한국대중음악상을 수상했다는 것. 더는 미룰 수 없다던 그 정규앨범으로 2023년 제20회 한국대중음악상에서 최우수 포크 노래, 음반, 올해의 음반 부문에 노미네이트되고, 최우수 포크 노래와 음반에서 2관왕이 됐다. 그들이 선택한 길이 남들과 달랐더라도 마침내 바라던 곳에 도착할 수 있어 진심으로 기쁘다.

예술가 부부 10년 차로 살면서도 매 순간 불안에 떨어요. 마트라도 취직해야 되는 거 아닌가, 그런데 경력도 없고. 경쟁이 치열하다고 들어서 그것도 어렵지 않겠냐는 얘기를 했어요. 정말 힘들 땐 배달을 하려고 했는데 저희 차가 연비가 안 좋아서 기름값이 더 들겠는 거예요. 그러면서 계속 고민하는데 그럴 때마다 저희를 살리는 무언가가 생겼어요. 인간극장 이후에 한 3년 정도는 공연이 계속 들어왔고, 파견 예술인 사업, 지원 사업, 바느질 등등 동아줄 같은 게 생기더라고요. 그리고 둘이 하는 게 시너지가 난다는 걸 또

아니까. 저희는 둘이서 수업을 함께하는데, 거기서 나오는 비용만큼 노동을 한다고 해서 그 대가가 나오지 않아요. 그래서 시간 대비 내가 노동을 행사했을 때 아직은 이 생활이 나은 거죠. 반면에 우리가 가지고 있는 예술과 기술로 작업을 하는 게, 가끔은 돈을 버느라 예술은 만끽하는 게 아니라 돈 버는 데 예술을 활용하는 것 같아 벅찰 때도 있어요.

두 분의 얘기를 듣다 보니 궁금한 게 생겼어요. 만약에 긴 시간이 주어진다면 두 분은 작업 시간이 더 간절한가요? 아니시

면 계속 함께 붙어 있어서 혼자만의 시간이 더 필요하신가요? 작업하는 데는 긴 호흡이 필요할 텐데 막상 긴 시간이 생기면 가족들과 떨어져서 혼자인 시간도 원하게 될 것 같아요.

우선은 둘이 같이 작업을 하는 게 가장 먼저예요. 그걸 하면서 싸우거나 스트레스받을 때는 반드시 혼자 있어야겠지요. 그런데 아이들 등원하고 각자 시간을 보내는 건 종종 해 봤으니까 말씀하신 대로 작업하는 데는 긴 호흡이 필요한데 워밍업을 하다 보면 벌써 끝내야 하는 시간이 많거든요.

앨범 작업은 작업실이 따로 필요하지 않은가요?

친구가 남편이 쓰는 작업실을 셰어하자고 이야기가 돼서 거기를 월요일부터 쓰기로 했는데 아이들 셋이 다 감기에 걸려 버린 거예요. 학교도 어린이집도 아무도 안 가게 된 거죠. 그러니까 너무 좌절했어요. '내가 지금 작업실에 나가야 하는데 애들을 보고 있네. 그런데 아프니까 어쩔 수 없는 거잖아!' 마음을 추스르다가 한번은 아예 포기하고 방에다 작업실을 차렸어요. 그전에도 바느질 수업이나 클래스 101 수업 촬영도 다 집에서 했거든요. 그런데 음악 작업 같은 경우에는 마이크 설치하고, 세팅하고, 철거하고 하다 보면 시간이 다 가요. 기운도 빠지고. 그래서 한군이 얼마 전에 나는 이제 집에서 하겠다고 작업 테이블과 세팅을 딱 하고 나니까 마음이 너무 좋은 거예요. 아이들 보내고 바로 어디 이동 안 하고 할 수 있으니까.

작업실이 된 공간이 궁금하네요.

여기가 제 작업방인데 여기 방 주인은 저희 첫째예요. 제가 되게 간곡하게 부탁해서 제 책상을 놨어요. 원래 첫째 피아노가 있는 자리였는데 구석으로 옮기고 지금 제 책상을 논 거죠. 저희는 집에서 머무는 시간이 워낙 많으니까 늘 생각해요. 서울에서 산다는 건 넓은 공간에서 사는 게 쉽지 않잖아요. '내가 이 집에서 허투루 쓰는 공간이 있을까? 그럼 너무 아까운데.' 그래서 여기는 저희 첫째 딸의 방이기도 하지만 TV를 보는 방이기도 하고 이제 한군의 작업실까지 된 거죠. 아주 알차게 쓰고 있어요. 그러니까 이 방의 용도는 세 가지예요. 여길 더 쪼개서 제 바느질 테이블도 놓는 게 목표예요.

그래서 저희 집은 집이기도 하지만 우리한테는 여기가 작업실이 되기도 하고, 제일 사랑하는 공간이니까 애정을 많이 주려고 하는 것 같아요. 그러면서 너무 밉기도 해요. 치우고 돌보고 뒤돌아보면 또 설거지는 쌓이고 순식간에 어질러져 있으니까. (일동 고개를 끄덕임)

작업방으로 자리를 옮긴 김에 조심스럽게 노래를 들려주실 수 있나 부탁드렸다. 조금 전까지만 해도 세 아이를 키우는 부모의 삶과 비정규직 예술가의 불안을 이야기하던 복태와 한군은 순식간에 음악하는 선과영으로 모드를 바꿔 노래를 부르고 기타를 쳤다. 가만히 노래를 듣고 있으니 역시 그들에게는 이 길이 잘 어울린다는 생각과 함께 오래 여운이 남았다.

그러면 나중에 여건이 되신다면 작업실을 얻을 생각도 있으신가요?

서울 작업실은 너무 비싸잖아요. 그래서 큰 마음먹고 작업실을 구한 적도 있고 지금은 친구 작업실을 같이 사용하고 있지만 메인 작업은 앞으로도 집에서 하게 될 것 같아요.

집에서의 평소 일과는 어떻게 되는지 궁금해요.

그때그때 다르기는 한데 보통 아침 8시에 일어나요. 아이들 아침밥 차려 주고 9시에 학교를 보내죠. 그리고 10시까지 셋째 어린이집에 보내요. 한군은 작업하느라 늦게 자면 9시쯤 일어나고 그 사이 강아지를 데리고 산책을 다녀와요. 그리고 작업을 시작해요. 보통 11시부터 5시까지가 저희들에게 주어진 시간이죠. 음악 작업을 하기도 하고, 회의를 하기도 하고 다른 사람들과 미팅을 하기도 하고요. 5시가 되면 애들 하원시키고 저녁하고 밥 먹기 전에 TV 좀 보라고 하고 청소하고 정

리하고 밥하고 저녁 먹고 7시 반 8시 되면 몸 놀이 하자, 그림 그리자 놀다 9시 반 되면 양치하자, 씻자 잔소리하다가 10시에 침대에 누우면 안 자고 떠들다 10시 반 11시에 자는 거예요. (웃음) 매일 그렇죠. 아이들이 잠들면 그땐 작업 의욕이 없어요. 너무 피곤하니까 음악을 듣거나 바느질을 하거나 멍 때려요. 스트레스 풀 겸 TV를 보기도 하고요. 그때는 더 이상 뭔가를 하고 싶지 않은 상태가 되니까 대체로 낮에 하려고 해요.

세 아이들은 두 분이 집에서 작업하는 것에 익숙하겠네요.

아이들이 어릴 때 어린이집에서 소꿉놀이를 하면 '아빠 회사 갔다 올게.'라면서 놀잖아요. 그런데 우리 엄마, 아빠는 그러질 않으니까 묻기도 했었어요. 지금은 엄마 아빠는 공연하는 사람, 아이들 가르치는 사람이라고 얘기해요. 제가 바느질을 시작한 후로는 엄마는 바느질하는 사람이라고 하고 아빠는 음악 듣는 사람이라고 하고요. 워낙 아이들이 아빠를 좋아하

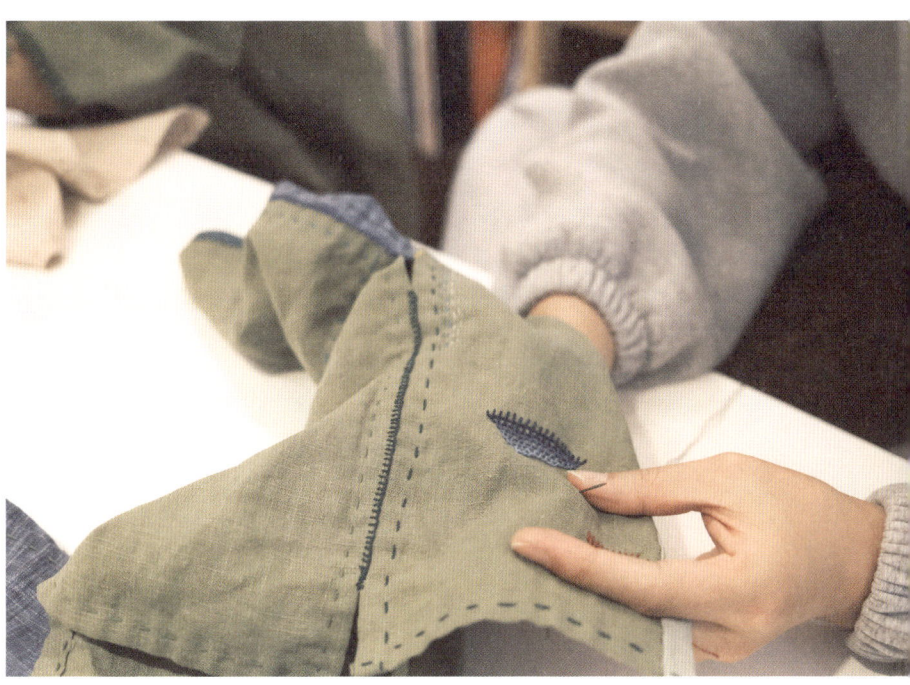

기 때문에 아빠는 그냥 노는 사람일 수도 있어요. 더 어릴 때는 낮에 놀이터에 가면 아이들이 으쓱해했어요. 아빠랑 그 시간에 노는 애들이 많지 않으니까요. 저(한군)도 되게 좋았거든요. 프리랜서의 장점이기도 하고요. 물론 애들이랑 노는 건 너무 힘들지만. (일동 웃음)

그럼 두 분은 육아나 살림도 자연스럽게 두 분이 함께하시겠어요.

저희는 결혼 전에 연애할 때부터 같이 활동을 했잖아요. 결혼하고 초반까지는 너무 많이 싸우긴 했어요. 일까지 같이하니까 연습하다 싸우고, 공연 가는 길에 행복해야 되는데 공연에서 화해하고, 또 오는 길에 싸우고, 계속 그 반복이었어요. 처음에는 서로 너무 힘들어하고 미워하고 그랬는데 8년 차부터 더 이상 싸워봤자 서로 손해라는 걸 깨닫고 이제는 제일 잘 맞는 파트너가 된 것 같아요. 지금은 모든 게 너무 수월해요. 집안일이나 육아나 일도 네가 이거 해, 내가 이거 할 게, 그런 것도 없이 알아서 서로가 잘하는 걸 하고 있어요. 클래스 101 촬영도 정말 품이 많이 드는 작업이었거든요. 둘이서 도저히 할 수 없는 수준이었는데 둘이 해 나가면서 우리 진짜 합이 잘 맞는구나 생

각했죠. 정말 다행이라고 생각해요. 공연장에서도 부부가 같이하는 거 보면 부럽다는 얘기를 듣곤 했는데 그러면 저희는 '부부가 같이 공연하는 팀이 왜 없는지 우린 알고 있다. 직장 상사랑 같이 살 수 있냐'고 물어보곤 했어요. (웃음) 그런데 지금은 둘이 같이 일하는 거 어떠냐는 얘기를 들으면 꽤 좋은 것 같다고 얘기해요. 이제는 감정 상할 일도 스트레스받을 일도 없는 것 같아요.

각자 이 집에서 가장 좋아하는 공간은 어딜까요?

한군 - 저는 작업 테이블이 생기기 전까지는 여기 LP 두는 곳을 제단처럼 생각했어요. 음악의 신이 있는. 테이프도 있고, 아날로그 기기도 있고, 디지털 기기도 있고 모든 장비가 모여 있는 곳이에요.

복태 - 저는 냉장고 바로 옆에 약간 들어가 있는 공간이 있어요. 거기 혼자 쏙 들어가서 앉아 있는 걸 좋아해요. 식구는 많은데 이 집에 내 공간은 왜 없을까 그런 생각이 들 때가 있잖아요. 화장실만 들어가도 아이들이 빨리 나오라고 하니까. 그러면 저는 요리를 좋아하기도 하고, 해야 하니까 제일 많이 머무는 공간이 주방

인데 가끔씩 냉장고 사이에 들어가 앉아서 쉬어요.

끝으로 두 분이 궁극적으로 바라는 집은 어떤 모습일까요?

한군 - 마당이 있는 집이요. 마당이 있으면 안팎의 경계가 모호해지거든요. 저는 그런 데서 자라서 그 감각을 알기 때문에 마당 있는 집에 살게 될 아이들과 우리가 새롭게 맺을 관계들이 보여요. 어떻게 될지, 얼마나 좋을지.

복태 - 저도 맨날 머릿속으로 생각하거든요. 진짜 원하는 집을 짓는다면 어떨까. 한군 말처럼 마당이 있는 집 안의 1층에는 작업실과 부부 침실, 옷방, 부엌과 거실을 만들고 아이들은 2층으로 올릴 거예요. 그들만의 거실이 있고 방 3개가 있어서 분리될 수 있는.

 예술가들은 감각에 무척 민감하잖아요. 그런데 돈벌이는 그걸 못 따라와 준다는 생각을 했어요. 그리고 아이들이 커 가면서 이제 주변 친구들과 서로 집이나 형편을 가늠하거든요. 아이들도 서로 느끼는 거예요. 그래서 맨날 아이들이 기도해요. 밤마다 '우리가 이 집을 매매할 수 있도록 해 주세요.'라고. (웃음) 아이들도 이사를 가고 싶어 하긴 하지만 우리 선에서 이 집이 최선이라는 걸 알아요. 그래서 이 집에 만족하는 법을 배우는 거죠.

시골 같은 곳에 살지만
내가 편리함을 추구하려면
언제든 나갈 수 있고
필요한 걸 취할 수 있다는 게
너무 좋아요.

저희에게는 여기가 최적이에요.

내 환경과 아이들을
탓하고 싶지는 않아요.
'내가 선택한 길이고
나의 길은 다를 수 있는 거야.'
여기서 포기하지만 않으면
되는 거라고
다시 저희의 자리로 돌아오죠.

일상에
예술을
꽃피우는 마법

상상헌

안나

2003년 안나의 캔들나이트&힐링클래스에서 시작되어
몸과 마음이 조화로운 삶, 일상과 꿈이 조화로운 삶,
일상과 예술이 조화로운 삶을 위한 클래스와 프로그램,
힐링과 성장을 위한 책을 소개하는
상상헌+안나책방을 운영하고 있습니다.

서울에 있는 한옥에 살고 계시잖아요. 한옥에 대한 로망을 갖고 있는 사람들이 많을 텐데 어떻게 이 집에서 상상헌을 시작하게 되셨는지 알려 주세요.

이게 좀 드라마틱한데요. 제가 예전 집에 살 때 셰어하우스를 했었어요. 그때 친구가 20대였는데 '안나가 사는 방식은 굉장히 이상적이고 보기 좋고 아름다운데 본인은 현실적인 사람이라서 그렇게 살기 힘들 것 같다.'는 거예요. 제 20대 생각이 나서 안타깝더라고요. 친구가 하는 일은 따로 있었지만 옷을 만들고 싶어 했거든요. 다음 날 아침에 그 친구한테 꿈꾸는 일을 한번 해 보지 않겠냐고, 아주 작은 가게를 얻어서 저는 헌책방을 하고 그 친구는 옷을 만들어 보자고 얘기했어요. 그런데 아무리 발품을 팔아도 현실적으로 가지고 있는 돈으로 서울에서 구할 수 있는 공간이 아무 데도 없는 거예요. 그러다 우연히 들어간 부동산 사장님께서 제 이야기를 들어 보시더니 젊은 사람은 꿈이 있어야 된다고 여기 큰길은 아니지만 골목 안에 한옥집이 있는데 그게 책방이랑 잘 어울릴 것 같다고 하셨어요. 그리고 여기 딱 들어오는 순간 가슴이 정말 두근두근했죠. 시작은 그랬어요. 결론적으로는 저 혼자 하게 됐지만 그렇게 지금의 상상헌을 만난 거지요.

실제적으로 비용이 꽤 많이 필요했을 것 같아요. 아무리 작은 공간이어도 서울이고 한옥이니까요. 보통 젊은 사람이 한옥에서 무언가 한다면 조부모님이나 부모님이 사시던 곳을 영업장으로 바꾸는 형태가 많잖아요.

그래서 제가 드라마틱하다고 한 거예요. 제가 갖고 있는 돈이 300만 원이 안 됐어요. 그런데 공간과의 인연, 사람 간에도 인연이 있었나 봐요. 주인 할머니께서 저를 만나고 부동산에서 나가셨다가 다시 들어오시면서 빚지지 말라고, 월세를 몇만 원씩 조금 더 내고 있는 돈으로 하자고 하셨어요. 그래서 여기는 무(無)에서 시작이에요. 텅 빈 공간에 아무것도 없는 채로 거의 몇 개월이 지나가요. 주인 할머니는 이 사람이 과연 여기서 뭘 할까 약간 걱정스러우셨나 봐요. 근데 사람들에 의해서 책이 한 박스씩 도착하고 여기 있는 테이블이라든가 소파라든가 모든 게 주변의 좋은 이웃들한테서 왔어요.

지금 이 공간을 보시면 아시겠지만 제 취향을 드러낸 장식을 한 게 아니에요. 언젠가 나한테 한옥 아틀리에가 생기면 옷을 만들려고 했던 친구가 그랬던 것처럼

다른 사람이 꿈을 펼칠 때 그 사람 색깔을 드러내는 일을 해 보고 싶다는 생각을 했어요. 그래서 이 공간이 저로 채워지는 게 아니고 들어오는 사람의 색깔로 채워질 수 있게끔 책 디스플레이도 최소한으로 했어요.

이 공간을 너무 사랑하지만 언제든 떠날 수 있다고 생각해요. 드라마틱하게 이 공간을 만난 것처럼 드라마틱하게 헤어질 수도 있다고 생각하죠. 그 이유가 제가 있는 북아현동은 재개발 지역이라 엔딩이 있는 동네거든요. 순간순간을 굉장히 충만한 마음으로 감사하게 지내지만 끝까지 간다라는 마음보다는 지금 이 순간 여기에서 오롯이 누리자라는 마음이 커요.

꿈에 그리던 한옥 아틀리에를 하게 되었는데 내 취향을 덜어 내고 나만의 공간이라 정의하지 않는 점이 의아하면서도 신기했다. 너무나 사랑하는 공간이지만 이별의 순간에는 미련 없이 떠날 것을 상상하는 것도 현재를 충분히 누리고 감사하는 안나 님의 방식 덕분일 것이다.

한옥에서의 삶은 겪어 보니 어떠셨나요? 주택 살이의 어려움과는 또 다른 문제들이 있을 것 같아요.

한 해 동안 에어컨과 히터 없이 지내서 그 해에는 손님을 못 받았어요. 여름에는 너무 숨 막혀서 저도 제대로 안에 못 들어가고 툇마루에서 잤고요. 또 겨울은 너무 추운 거예요. 물이 얼 정도였으니까. 집과 저만 덩그러니 그렇게 2년이 지나고 3년 차는 조금 적응해서 여기서 활동도 하면서 지내고 4년 차가 됐을 때 더 해 봐야지 웃샤! 하는데 코로나가 터졌어요. (웃음) 그러니까 계속 버티는 시간이었는데 희한하게 집과 내가 둘이 있어도 쓸쓸한 느낌이 하나도 없었어요.

경제적으로 여유가 있는 상황도 아니었는데 이 집을 얻은 것에 대해 부담스럽거나 불안하지는 않으셨나요? 저라면 걱정

돼서 빨리 구색을 갖추고 뭐라도 시작했을 것 같거든요.

네, 불안하지 않았어요. 왜냐하면 살아오면서 공간과의 인연이라든가 사람과 사람 사이의 좋은 인연들에 대한 경험이 많이 쌓였거든요. 지금도 계산기를 두드려서는 제가 하고 있는 활동이 설명이 안 돼요. 이 집도 그렇고 한 달 한 달 집세를 내고, 집세만 내면 되는 게 아니잖아요. 마당을 꾸미거나 이것저것 부대 비용을 내기에는 참 여유가 없었지만 툇마루에 앉아 자연의 힘을 배우며 지냈어요. 겨울에는 마당에 있는 식물들이 다 죽어 있는 것처럼 보이는데 그다음 봄이 되면 신기하게 잡풀 같은 것들이 기존에 심어 놨던 거랑 어우러져서 돈으로 설명할 수 없는 아름다움이 만들어졌어요.

집을 구하고 가꾸고 운영해 나가는 것에도 안나 님이 삶을 바라보는 태도와 가치관이 보이는 것 같아요.

맞아요. 그게 계기가 있어요. 제가 삼청

동에 잠시 살았는데, 그 집을 너무나 사랑했고 평생 저는 거기에 있을 거라고 생각했어요. 근데 그게 나와의 인연이 다하니까 신기루처럼 사라지는 거예요. 하루아침에 그걸 경험하고 나서 그 집과 비슷한 지금의 상상헌을 만났어요. 이렇게 빨리 만나게 될 거라고도 생각 못했지요. 삼청동에서 살았던 그 공간이랑 상상헌이 크기는 다르지만 많은 부분이 좀 닮아 있는데, 제가 생각했을 때는 할머니가 되어서야 다시 내 힘으로 그런 공간을 만들 수 있을 거라고 생각했거든요. 그런데 내가 아는 힘 너머 인연이 있나 봐요. 이렇게 빨리 젊은 나이에 상상헌을 만나다니, 너무 드라마틱하죠.

제가 꿈꿨던 것들이 다 어려운 시기에 시작됐어요. 상상헌의 시간도 마찬가지예요. 코로나 때문에 운동 센터에서 일자리를 잃지 않았으면 저는 여전히 낮 시간의 상상헌을 잘 누리지 못했을 거예요. 그런데 어쩔 수 없이 일을 그만두게 되면서 머릿속으로 구상했던 것들이 하나하나 시작됐어요. 그러니까 제가 했던 활동은 아이러니하게 인생의 위기랑 어려움 속에서 다 시작됐어요. 상상헌도 그렇고 캔들나이트도 그렇고. 저는 편안하면 안 해요. 왜냐면 뭔가를 크게 이루고자 하는 마음이 좀 없는 것 같아요. 저를 움직이는 힘은 역경과 고난 그리고 가벼운 통장이에요. (웃음)

안나 님 과의 인터뷰는 무언가 조금 달랐는데, 믿기지 않은 이야기들이 많아서 그런지 드라마 혹은 동화처럼 들렸다. 천진난만한 이야기는 아니고, 곳곳에 어려움과 슬픔이 있는 차가운 현실의 어른들의 동화. 하지만 해피엔딩을 바라보며 굳세게 전진하는 주인공의 이야기 같달까. 300만 원으로 서울에서 한옥을 구할 거라고 누가 생각이나 했을까. 그런데 진지하고 순수한 눈빛으로 이야기를 이어 가는 안나 님의 말에는 한치의 꾸밈도 없었다. 그러니 이건 드라마나 동화가 아닌 팩트다.

무척 좋아했던 삼청동 집에서 나오게 되면서 애쓰지 않아도 사람과 공간에는 인연이 있다는 것을 느끼게 되신 건가요?

애쓰지 않는다는 게 그냥 관조한다는 거랑 다른 건데요. 내가 알 수 없는 커다란 뭔가가 있다 해도 그 안에서 노력하는 건 사람의 몫이라 생각해요. 저는 마음의 방향을 밝은 곳으로 두고 나아간다는 큰 줄기를 가지고 있어요. 그게 캔들나이트의 핵심이고요.

살다 보면 어떤 사람이라 해도 인생에 굴곡이 있어요. 만약에 운명이라는 게 있다 해도 마음의 선택 자체는 내가 할 수 있잖아요. 저는 그 선택을 밝은 데 두고 거기서부터 시작하는 거예요. 그래서 당장은 표면적으로 뭔가가 잘 풀리지 않은 것처럼 보이고 빈손인 것 같지만, 마음을 밝은 곳에 두고 나아가다 보면 당시에는 알 수 없었던, '오래된 미래'가 생각지도 못하게 펼쳐지는 거지요.

얼마 전에 지인이 하는 공간에서 술을 빚을 기회가 있었는데 술 이름을 붙이라고 하시더라고요. 두 병을 만들어서 술 이름을 지었는데 한 병은 상상헌의 주소, 한 병은 오래된 미래라고 했어요. 저는 그런 시간의 힘을 믿어요. 저는 시간의 힘을 참 믿어요, 네. (진지)

조금 전에 캔들나이트라는 얘기가 나왔어요. 안나 님이 하시는 일이 다양해서 하나의 직업으로 소개하기 어렵지만 캔들나이트가 모든 것의 시작이라고 알고 있거든요. 그 얘기도 궁금하네요.

저는 20대 시절의 저한테 항상 미안한 마음이 있었는데 뭔가를 애쓰는 대신에 '나는 안 돼.'라는 생각이 더 컸던 것 같아요. 뭐 때문에 안 되고 뭐 때문에 안 되고 그러느라고 10년을 통으로 다 날려 버렸어요. 그래서 10대, 20대 시절까지는 좋은 부모님의 따뜻한 사랑과 보호 속에서 온실 속의 화초는 아니고 잡초처럼 (웃음) 풍파를 겪지 않고 살아서 아무런 시도도 못하고 세상 밖으로 나올 엄두가 안 났지요. 그러다가 사랑을 하게 되면서 인생이 엄청 꼬였어요. 약간 허리케인을 탄 것처럼 제어가 되지 않았는데 버텨 내고 살아 내는 과정에서 제 안에 있던 알맹이가 껍질을 깨고 나왔어요. 그러는 과정도 내 뜻대로 되지 않는데 사람이 바짝바짝 마르기 시작하는 거예요. 아프기 시작해서 '안 되겠다. 살아야겠다.'는 마음으로 어떻게 하면 나의 일상을 잘 꾸려갈 수 있을까 고민하다가 '일상 예술가'라는 말을 생각해 냈어요. 그 말은 타샤 할머니(타샤 튜더. 미국 동화 작가이자 삽화가) 책을 읽다가 영감을 받았어요. 잼을 저으면서도 셰익스피어를 읽을 수 있다는 문구가 너무나 인상적이었거든요. '이거다, 일상 안에서 예술가처럼 삶을 꽃피우자.'라는 마음이었어요.

 그 당시에 감사하게도 사람들이 제 블로그를 무척 좋아해 주셨는데 살림을 잘해서 일상 예술가라고 생각하시는 분도 계셨지만 사실 그 반대였어요. 나는 서투른 초보 예술가인데 인생을 커다란 흙 반죽이라고 생각하고 조각해 나가다 보면 나이를 먹고 언젠가 내가 좋아하는 할머니 뮤즈들, 할뮤즈처럼 인생 자체가 예술이 될 날이 올 거라고 믿으면서 캔들나이트를 시작했거든요. 이것도 시간과 돈을 마음대로 쓸 수 없었기 때문에 시작됐다고 할 수 있어요. 저녁 준비를 하다가 티라이트 캔들을 빈 잼병에 넣어서 촛불을 붙이고 라디오를 켰어요. 불을 내리고 나를 위한 30분, 지구를 위한 30분 이런 마음으로 혼자서 나를 다독이는 시간을 가졌던 거죠. 사실 다독이는 것도 아니고 생각을 내려놨던 시간인 것 같아요. 근데 촛불을 바라보면 바라볼수록 마음이 밝아지고 평온해지는 느낌을 받았어요.

 그런 시간을 블로그에 차곡차곡 열심히 기록했어요. 운이 따라 줬던 게 대한민국에 힐링 열풍이 불고 있었던 시기였

어요. 그렇게 1년 정도 혼자 하던 것을 여기 북촌에서 작은 커피숍과 공방을 돌면서 한번 해 보면 좋지 않을까 라는 생각에 제가 사는 동네에 맨날 지나다니던 꽃집 사장님한테 말씀을 드렸는데 흔쾌히 해 보자고 하시는 거예요. 그렇게 처음 시작됐어요.

제가 인연의 힘 이야기를 자꾸 하는데 계속 이어 가려면 두 번째 장소도 필요하잖아요. 두 번째 장소에 찾아갔는데 첫 번째 캔들나이트를 우연히 지나가며 보셨다는 거예요. 그래서 큰 설명을 하지 않았는데 직접 봐서 뭔지 안다고 하셔서 자연스럽게 두 번째로 연결됐어요. 세 번째, 네 번째도 크게 어렵지 않게, 물론 거절당한 적도 있긴 하지만 쭉 이어 가면서 사람들한테 일상과 꿈이 조화로운 삶에 대해서 이야기를 하기 시작했지요. 캔들나이트를 하면서 캄파뉴들과 '10년의 응원'을 시작했고요. 캔들나이트가 지금 제가 하고 있는 모든 활동의 씨앗이고 뿌리라고 할 수 있어요.

사실 나는 캔들나이트 첫 시작의 현장에 있었다. 솔직하게는 집 밖으로 나오는 캔들나이트의 시작을 긍정적으로만 보는 안나 님이 지나친 낙관주의자가 아닐까 걱정하는 마음으로 참석했었다. 그런데 긴 테이블을 빼곡하게 매운 사람들과 그들의 앞에 놓인 아름다운 캔들 불빛에 압도되어 꿈같은 시간을 보내다 왔다. 마음을 밝은 곳으로 두는 사람의 힐링 클래스란 이런 모습이구나 내 의심을 서둘러 거둬들였다. 중요한 건 무척 아름다운 모습이었음에도 정말로 중요한 것은 눈에 보이지 않았다는 걸 그 자리에 온 사람들이 모두 느끼고 있었다는 거다.

일상 예술가라는 단어를 저도 안나 님을 통해서 처음 접하게 되었는데 자주 듣다 보니 이제 익숙한 말이 되었어요. 아직 아무것도 시도하지 않은 사람들을 북돋아 주는 단어인 것 같아요. '캄파뉴 10년의 응원'도 소개해 주시겠어요?

캄파뉴는 저와 함께 캔들나이트를 했던 사람들을 부르는 말이에요. 일상 예술가가 타샤 할머니에게서 영감을 얻었다면 캄파뉴는 <해피 해피 브레드>라는 영화를 보다가 떠올랐어요. 거기에 '빵을 함께 먹는 사람은 식구'라는 말이 나와요. '캄파뉴의 식탁'은 거기에서 영감을 받아 시작된 행사에요. 1년에 두 번 정도 긴 식탁에 모여 앉아서 식사도 같이 나누고 서로의 삶을 보면서 영감을 얻기도 하는 일상 예술가의 식탁이지요. 매번 무척 아름답지만 아름다움을 위해 아름다운 것들만 차리는 게 아니에요. 거기 모인 사람들의 힘으로 순식간에 만들어지거든요. 이 집도 비용을 들여서 인테리어를 한다거나 디자인한 곳이 아니고 누가 준 가구와 물건들로 만들어졌잖아요. 빨리 단시

간 내에 뭔가를 이루려고 하기보다 시간의 힘을 믿고 지금 나의 현실에서 내가 할 수 있는 것을 차곡차곡 쌓아 가면서 내가 꿈꾸는 미래를 잘 만들어 그때 날개를 펴자라는 의미로 '10년의 응원'이라는 말을 붙였어요. 그리고 벌써 10년이라는 시간이 지났네요.

운동 지도도 하시잖아요. '물과 채소 한 접시'라는 프로그램도 운영하시고요. 캔들나이트 같은 힐링 클래스와 다른 영역의 일이라 생각할 수도 있는데 어떻게 하시게 됐나요?

동시다발적이었어요. 이 상상헌이라는 집을 설명하는 게 쉽지 않은 것처럼, 제가 하는 활동은 정의가 내려진 걸 따라가는 게 거의 없어요. 그런데 시간이 지나서 몇 년 후에 정의 내려지는 경우가 있어요. 본캐, 부캐처럼요.

저의 핵심은 캔들나이트였고 캔들나이트에서 왜 운동 지도까지 왔냐면 일상 예술가들이 캔들나이트에 오시고 자기가 원하는 삶의 방향을 위해서 브랜드를 만들기도 하고 책을 써서 잘되기도 하고 정말 꿈에 잘 다가가는 걸 봤거든요. 그런데 하나같이 발목을 붙잡히는 지점이 똑같았어요. 건강에 적신호가 켜지는 분들이 보이는 거예요.

제 모토가 세 가지인데 '일상과 꿈이 조화로운 삶', '몸과 마음이 조화로운 삶', '일상과 예술이 조화로운 삶'이에요. 그중에 일상과 꿈이 조화로운 삶보다 몸과 마음이 먼저 나와야겠구나라는 것을 느꼈어요. 저 역시 20대 때 크게 아파 보면서 건강이 없으면 꿈이 없다는 걸 경험했기 때문에 그걸 살아 있는 언어로 전해야겠다는 생각이 들었어요. 그래서 제가 직접 운동하고 운동 지도도 하고 '현업에서 얻을 수 있는 지식과 노하우로 설득력 있게 이야기하자.' 그렇게 된 거예요.

제가 하는 활동은 거의 끝말잇기 수준으로 연결 돼요. 아까 말씀드린 몸과 마음이 조화로운 삶, 그 부분을 '체인지 클래스'라는 이름으로 밖으로 꺼냈어요. 체인지 클래스는 굉장히 바쁜 분이 하세요. 시간을 낼 수 없는 분이, 일주일에 한 번 상상헌에서 pt 형식으로 하거나 페이스톡으로 새벽에 1:1 운동을 해요. 자세를 잡기도 하고 유산소와 근력과 요가 세 가지를 결합해서 한 시간 동안 같이하죠. 체인지 클래스는 결합이거든요. '운동 플러스 라이

프 스타일'인데 이것을 조금 쉽게 접근할 수 있게 하는 방법을 떠올린 게 책방 주인으로서 '책 플러스 음식'이었어요. 참고할 만한 책을 같이 읽고 식습관을 바로 잡는 프로젝트를 해 보자. 그래서 사람들이 가장 놓치기 쉬운 것 물과 채소를 충분히 먹도록 하루 2L 물 마시기, 하루 중 한 끼는 채소 챙겨 먹기, 그리고 주 3회 밀가루 단식하기를 하자. 그렇게 '물과 채소 한 접시'가 시작된 거예요.

인터뷰가 끝나고 물과 채소 한 접시 프로그램에 직접 참가해 봤다. 느슨한 모임 혹은 조언 프로그램이었는데 그 이후 내 삶의 많은 부분을 바꾸는 획기적인 기회가 되었다. 이제 나는 매일 아침 채소를 한 접시 먹는 것으로 하루를 시작한다. 채소 한 접시 프로그램의 가장 좋았던 부분은 강제성보다는 자율성, 혹독함보다는 너그러움으로 독려하는 안나 님의 지도 방식이었다.

이제는 책에 대한 이야기를 해 볼까요? 북클럽과 달팽이 소포에 대한 얘기를 해주세요.

달팽이 소포는 시간의 제약성 때문에 탄생한 거예요. 운동 지도를 낮 시간에 파트타임으로 했을 때, 마냥 책방을 지키고 있을 수가 없잖아요. 그리고 이곳에 제가 계속 있을 수도 없고요. 이 공간을 유지하기 위해서 돈을 벌어야 되기 때문에, 어떻게 하면 시간을 자유롭게 쓰면서 내가 할 수 있는 방법으로 꾸려 갈 수 있을까 생각했어요. 그게 달팽이 소포인데 힐링 클래스가 감사하게도 힐링 열풍이 불 때 나온 것처럼 지금 SNS가 굉장히 활발하기 때문에 인스타로 제가 직접 읽고 좋은 책을 올려서 주문을 받았어요. 저는 속도가 빠른 사람이 아니에요. 하지만 진득하게 들여다보는 사람이지요. 그래서 시간은 걸리지만 제 마음을 담아서 엽서를 써서 보냈어요. 저만의 감성을 담아서 보내려고 노력해서요. 지금은 달팽이 소포를 잠시 쉬고 있어요. 인기가 많을 때는 100통 가까이 엽서를 써서 보냈는데 어깨에 무리가 온 거예요. 책을 포장해서 소포를 근처 우체국까지 메고 다녔거든요. 좋아하는 작업들을 오래 하고 싶어서 잠시 멈추었어요. 하지만 또 제가 정말 잘 소개할 수 있는 책이 나오면 달팽이 소포는 계속 할 거예요.

북클럽은 '영어 원서 북클럽', '상상헌 문학관'이라고 세계 문화, 1년 동안 다양한 분야의 책을 읽는 '100권 클럽' 그리고 가장 하고 싶었던 '페티슨 시 클럽'이 있어요.

북클럽 운영자에 운동 지도, 상상헌을 꾸려 나가는 것까지 많은 일을 하고 계셔서 무척 바쁘실 것 같아요. 하루 일과는 어떻게 되시나요?

제 하루는 심심한 맛의 일본 슬로 무비 같아요. 그냥 뭔가가 특징적인 건 없지만 계속 흘러가요. 그리고 눈으로는 보이지 않지만 제 머리 안에서 부상하고 있는 것들을 생각하면서 '이건 쳐내야겠다. 이건 발전시켜야 되겠다.' 결정해요. 그렇기 때문에 의외로 혼자 있는 시간이 중요해요. 사람들은 제가 많은 장소에 다니고 많은 사람을 만나는 것처럼 느끼시는데 사실은 혼자 있는 시간이 절대적으로 많아요.

낮 시간은 새벽에 일어나서 1시간 동안 체인지 클래스 운동을 하고 아침을 간단하게 먹어요. 그러면 제가 되게 좋아하는 시간인데요, 아침에 클래식 라디오를 들으면서 커피를 내려 마셔요. 그런 다음에 영어 원서 읽고 필사하는 거 마치고 나면 또 어느새 점심시간이고요. 점심 식사 후에는 그날 해야 될 것들 짜고, 좀 쉬고 낮잠을 자기도 해요. 그리고 또 체인지 클래스가 중간에 있는 경우에 하고 나서, 잠깐 쉬고 요가 수련을 하거나 춤 배우는 곳에 가요. 가능하면 버스를 타지 않고 여기서 안국동까지 걸어가는 동안 생각을 비워요. 걸을 때는 생각을 안 하려고 하고 사진을 많이 다루는 편이에요. 일상의 조각들을 좋아하는데 특별한 순간보다 따뜻한 커피 잔을 찍는다거나 아니면 계절의 변화를 찍는다거나 해요.

요가를 마치면 거의 저녁이죠. 저녁에 돌아와서 보고 싶었던 영화를 보거나 멍한 시간을 보내요. 빈 시간을 많이 갖는 편인 것 같아요. 그랬을 때 더 창조적인 생각을 할 수 있다고 믿어요.

혼자만의 시간을 중요하게 여기는 분이라는 생각이 들어요. 그런데 다양한 사람들을 만나는 프로그램을 운영하고, 집이자 일터가 노출되는 것에 대한 부담은 없나요?

있어요. 제 성향을 봤을 때 저는 큰 주목이 편안한 사람은 아니에요. 이 일들을 이어 가기 위해서 어느 정도의 주목은 필요한데 사람마다 자기가 할 수 있는 그릇이라는 게 있잖아요. 그래서 상상헌을 주 1회만 오픈하고 있어요. 예약 없이 정해진 시간에 그냥 오셔서 제가 있으면 있는 대로 없으면 없는 대로 열어요. 비용은 속이 보이지 않는 종이 가방에 넣고 가시면 되고요.

상상헌에 다녀가는 사람들이 얼마를 내야 하는지 신경 쓰지 않도록 안나 님은 아직 한 번도 종이 가방 안 금액을 확인하지 않았다고 했다. 그래서 지금까지 얼마가 모였는지 알지 못한다고. 이곳을 이용하는 사람들에 대한 두터운 믿음과 신뢰 없이는 불가능한 운영 방침이었다.

안나 님의 오프 시간도 궁금해요. 상상헌을 벗어나서는 어떤 시간을 보내시나요.

저는 맛있는 거 먹는 거 좋아하고 한잔의 술도 되게 좋아해요. 오프일 때는 가능하면 고향 부산으로 가요. 엄마가 해 주시는 저녁상에서 엄마랑 아빠랑 맛있는 술 한잔 먹는 거 좋아해요. 이 질문에 대답하면서 '내가 왜 이걸 좋아할까' 생각해 봤더니 맛있는 걸 앞에 두고 모여 앉은 사람들의 표정 때문인 것 같아요. 맛있는 걸 먹을 정신이 있다는 건 뭔가 내 마음 상태가 편안하기 때문에 그럴 수 있다는 생각이 들었어요. 제가 미식가는 아니거든요.

상상헌에서 운영하는 북클럽이나 캄파뉴의 식탁도 여러 사람의 취향이 부딪히잖아요. 그걸 하나로 아울러서 아름답게 만드는 게 안나 님의 힘인 것 같아요. 약간 마법처럼 느껴지기까지 하는데, 그 비결이 뭘까요.

눈에 보이는 것이 아니기 때문일 수도 있어요. 캔들나이트도 그렇고 캄파뉴의 식탁도 그렇고 제가 생각하는 그 핵심 가치를 보여 주기 위한 실용적인 장치라고 생각해요. 사람들은 시각적인 것에 가장 빠르게 반응을 하고 마음이 끌리기 때문에 캔들나이트를 설명하는 SNS를 올릴 때도 좀더 정확하게 설명해 달라는 요청을 받는데, 막상 오신 분들은 '아, 이래서…'라고 하세요. 마음의 일이기 때문에 그래요.

제 인생과 모든 활동에는 약간 마법적인 측면이 있다고 생각해요. 눈으로 보이는 공든 탑은 무너질 수도 있다는 걸 경험을 통해서 알기 때문에 당장 보면 탑이 무너지는 것처럼 보이지만 보이지 않는 이면을 생각해요. 무너진 게 아닐 수도 있거든요. 희정 님께서 오셔서 보시는 상상헌은 첫째로 눈에 보이는 상상헌이지만 사실 상상헌의 근본은 눈에 보이지 않는 마음이거든요. 제가 걸어 다니는 상상헌이 될 수도 있어요. 애니메이션 〈하울의 움직이는 성〉을 보면 겉으로 봤을 때는 흉물스럽고 사람들이 수군거리는 존재인데 그 안에 소피라는 사람이 들어가서 밝고 건강한 생각을 가지면서 변화하잖아요. 거기에는 인연에 대한 것도 나와요. 애니메이션 후반부로 가면 소피가 기다려 달라고 하는 장면에서 하울이랑 캘시퍼는 계약을 맺고 있어요. 하울이랑 캘시퍼는 소피를 보지 못하지만 소피는 그때 알게 되죠. 인연이 작용했구나. 제가 굉장히 굳게 믿는 게 시간과 인연의 힘이에요.

이 집에서 안나 님이 가장 좋아하는 공간은 어딜까요?

툇마루가 있는 마당이요. 한옥의 툇마루는 다목적이에요. 그런데 이 툇마루에서 제가 힘든 시간을 다 보냈잖아요. 손님이 없고 어느 때는 버는 게 모두 집값으로 나갔어요. 그러면 가끔 저도 '이게 뭐야.' 이럴 때도 있을 수 있잖아요. 그럴 때면 툇마루에서 마당의 식물들을 지켜봐요. 재작년인가 모과나무가 엄청 아팠어요. 너무 흉물스러울 정도로 수피도 막 피부병 걸린 것처럼 변하고 잎도 엉망이고 했는데 쟤네가 살아 내는 아름다운 과정을 보다 많이 힘을 얻었어요. 툇마루에서 잠들 때가 있는데 그렇게 한숨 자고 일어나면 앞에 고민스러웠던 걸 또 까먹기도 하고요. 마당에 식물 종류가 많지는 않은데 꽃과 나비 벌이 찾아와요. 당연히 온갖 벌레도 살고요. 그리고 지루할 수가 없어요. 손을 대기 시작하면 한 시간이 걸리기도 하고 새로워요. 나이 들수록 내가 할 수 있는 게 줄어들거나 새로운 곳에 가는 게 걱정일 수 있는데 그럴수록 작은 마당이 내 일상을 풍성하게 해 줄 거라 생각해요. 볼거리도 많고 소일거리도 많아서 이런 한옥에 살면 회복탄력성이 좋아지는 것 같아요. 반대로 시간이 갈수록 내가 할 수 있는 일이 많아질 수도 있겠다는 생각도 해요. 그 사이 경험치가 쌓이면서 새로운 곳에 가는 기회가 늘어갈 수도 있고요. 그리고 여기 툇마루에서는 별거 없어도 펼쳐 놓으면 만찬이 돼요. 평범한 음식들도 뭔가 특별하게 행복한 기분으로 먹게 돼요. 여기서 먹는 맥주와 막걸리도 정말 맛있어요.

끝으로 안나 님이 생각하는 집은 어떤 의미일까요?

저는 사람의 몸 또한 집이고 집 또한 몸이라서 겉으로 보이는 인위적인 아름다움보다 편안함이 중요하다고 생각해요. 편안함이 느껴지는 가운데 가장 나다울 수 있는 곳이 집이고요. 어떤 이미지를 위해서 잘 꾸미고 끊임없이 뭔가를 보여 줘야 한다는 그런 생각 없이, 그 사람을 자기답게 품어줄 수 있는 곳이요. 그리고 자연이랑 가까이하는 집.

살다 보면
어떤 사람이라 해도
인생에 굴곡이 있어요.

만약에 운명이라는 게 있다 해도
마음의 선택 자체는
내가 할 수 있잖아요.

저는 그 선택을
밝은 데 두고
거기서부터 시작하는 거예요.

제 인생과 모든 활동에는
약간 마법적인 측면이
있다고 생각해요.

눈으로 보이는 공든 탑은
무너질 수도 있다는 걸
경험을 통해서 알기 때문에
당장 보면
탑이 무너지는 것처럼 보이지만
보이지 않는 이면을 생각해요.
무너진 게 아닐 수도 있거든요.

산속에서
다섯이
한 팀

느린손 스튜디오

와사비(더블피)

괴산에서 그림 그리며 살고 있습니다.
남편과 세 아이와 살고 있습니다.

지금은 와사비라는 이름으로 활동하시지만 제가 처음 작가님을 알게 된 건 풀빵닷컴에 연재하시던 요리 웹툰 '더블피의 뚝딱 쿠킹'이었어요. 신혼 때 그 웹툰을 보고 요리를 하기도 했었고요. 뭐든 책으로 배우는 편이라 언젠가 책이 나오면 소장하고 있어야지 했는데 출간이 안 되었더라고요. 인기가 많았는데 왜 책으로 안 만드셨는지 아쉬워요.

누가 만화평을 이렇게 써 놨더라고요. 뚝딱하는 만큼 맛이 없다. (웃음) 시간이 많이 흘렀는데도 아직 많은 분이 사랑해주셔서 신기하고 감사한 마음이에요. 일주일에 한 번 연재하는 웹툰은 오래 할 수 있었는데요, 반면에 저는 밀어내는 힘이 부족한가 봐요. 제가 원고를 끌어안고 끙끙거리느라 출판이 몇 번 어그러졌어요. 더 엄청나게 좋은 걸 만들고 싶었나 봐요. 그 뒤로는 출판사와 계약해서 책을 낸다는 생각은 접었어요.

시골로 이사 온 후에는 블로그에서 하던 개인 창작도 많이 못 했어요. 이건 시골에 살면서 좋은 점이기도 하고 나쁜 점이기도 한데, 시골에 내려와 살면서 익명성을 잃었다고 할까요? 여기에선 이웃과 가까이 지내고, 모두가 날 아니까. 내 얘기는 이미 이웃들에게 수시로 털어놓고 있어서인지 표현하고 싶다는 창작의 욕정이 일지 않더라고요. 아이 셋과 생활에 매몰

돼서 안 만들어지는 걸 수도 있는데, 상당 부분은 이제 마을에서 아주 가까운 사람들끼리 지내다 보니까 심리적으로 내 개인적인 이야기를 콘텐츠로 만드는 것에서 멀어졌어요. 소중하지 않은 건 아닌데 손에 쥐이지 않아요. 지역 콘텐츠는 계속 제작하고 있고요. 개인적인 이야기들은 가끔 거기에 녹여내요.

이날은 와사비 님 가족과 우리 가족, 사진을 찍어 주시는 유우 님의 가족까지 총 어른 여섯, 아이 여섯이 모인 떠들썩한 인터뷰였다. 카오스에 빠져 정신을 붙잡으려고 노력하는 나에 비해, 작고 아름다운 시골집 주방에 서 있는 와사비 님은 낯선 이들과 어린아이들이 만들어 내는 어수선한 분위기가 익숙한 듯 여유로워 보였다. 모카포트로 내린 커피와 삶은 감자, 직접 딴 딸기로 만든 잼을 바른 식빵을 내오는 손길에 어색함이라곤 찾아볼 수 없었다.

인터뷰가 길게 이어지자, 아이들은 저들끼리 노느라 먹느라 신나고 우리는 우리대로 소란의 중심에서 꿋꿋하게 인터뷰를 이어 갔다. 대화 중간중간 메모를 하는 나와, 인터뷰하는 와사비 님, 사진을 찍는 유우 님까지 모두 비슷한 마음으로 지금 이 일을 하고 있는 게 아닐까 동질감 같은 것이 생기는 순간이었다.

처음 어떻게 괴산에 내려오시게 된 건가요? 요즘은 젊은 나이의 사람들이 귀촌을 많이 하지만 와사비 님이 내려오실 때만 해도 흔하지 않은 일이었던 것 같아요.

여기 아는 사람은 하나도 없었고, 시골에서 살자고 결심한 후에 인터넷으로 검색해서 내려왔어요. '산이 많은 귀농마을' 그런 느낌으로 검색해서 모니터 사진을 보고 골랐지요. 결혼하고는 계속 일산에서 살았어요. 1년 정도 일산 근교에서 주말농장을 하고 있었는데 그게 재미있더라고요. 그래서 시골에 흥미가 생겼어요. 그때 배 속에 첫애가 있어서 시골에 가서 살자고 생각했지요. 그때는 야생의 잔인함을 잘 모르고 사람이 적고, 숲이 많으면 좋겠다고 생각했어요. 처음 여기 오는데 산이 많아서 굉장히 깊은 산골같이 느껴졌어요. 10년 전만 해도 읍내에 횡단보도랑 신호등도 거의 없었거든요. 그런 야생의 느낌이 좋았고 여기가 다른 시골보다 더 깨끗한 느낌이더라고요. 농촌에 가면 농자재가 야적되어 있거나 하잖아요. 여긴 그런 게 별로 없었는데 아마 사람이 많이 없어서 그런 것 같아요. 아, 저희가 홋카이도를 되게 좋아하거든요. 홋카이도에 대한 로망 같은 걸 충족시키려는 마음도 있었던 것 같아요. 깊은 산속의 느낌이 비슷하다고 느꼈어요. 처음엔 시골이 재미있다가, 5년쯤 지났을 때는 살던 일산이 그리워서 거기 집을 마련하기도 했어요. 2~3개월 정도요. 그런데 두 집 살림은 어렵더라고요.

아무리 살던 곳이 그립다 한들 일산과 괴산에서 두 집 살림하는 것이 쉽지 않았을 텐데, 일산에 집을 마련했었다는 이야기를 듣고 집뿐만 아니라 지역에 대한 애착이 크다는 걸 알 수 있었다. 한때 떠나온 서촌이 그리워 책을 쓰기 시작한 내 옛 모습과도 겹쳐 보여 깊게 공감했다. 사는 데 집만큼이나 동네가 중요한 사람들은 지내던 곳에서 마음을 쉽게 떠나보내지 못한다.

시골에 내려오면 다들 텃세를 가장 걱정하는데 의외로 그런 게 없었다고 하신 이야기를 봤어요. 동네의 특성일까요? 와사비 님 부부가 적응하기 위해 노력을 많이 하신 덕분일까요?

저희가 가진 게 없다 보니 이권이나 권력이나 그런 것과 거리가 있잖아요. 이웃분들도 저희를 경계할 사람들이라고 생각 안 하신 것 같아요. 그리고 여기서 아이들 셋을 낳았으니 아이들 때문에라도 저희를 잘 돌봐 주신 거 같아요. 시골에서는 여러모로 애들 덕을 크게 봐요. 그런 사이에 벌써 10년이 흘렀기 때문에 텃세 같은 건 이미 지나갔지요. 주로 마을 할머니들이 저희를 많이 아껴 주셨는데, 지금은 다들 연세가 있으셔서 예전 같지 않아요. 저희가 챙겨 봐 드려야 하는데 그러지 못하고 있어서 죄송스럽지요.

다양한 문화 행사를 기획하는 지역들이 늘어나고 있는데 괴산도 재미있는 시도를 많이 하는 것 같아요. 와사비 님은 여기서 어떤 일들을 하고 계시는지 소개해 주세요.

시골에서는 만능이 되어야 하니까, 느린손 스튜디오도 운영하고 느린사 출판사도 하고 있어요. 그림을 의뢰한 곳에서 이런저런 내용을 써 달라고 하고 그게 묶이면 책이 되니까 양이 커져서 출판사도 하게 됐네요. 남편은 영상이랑 사진으로 콘텐츠 제작하는 일을 많이 하고 저는 책이나 만화와 관련된 일을 하고 있고요.

주로 지역 기반으로 일을 많이 해요. 교육청이나 문화 사업하시는 분들, 농장하고도 하지요. 저희가 오래 일한 곳 중에 우리 씨앗 농장이라고 한살림에서 토종 씨앗을 키우고 보존하는 사람들하고 공유하는 농장이 있거든요. 표면적으로 보면 사진을 찍거나 그림을 그리는 일이긴 한데 농사지으시는 분들이 풀어내기 어려운 그분들의 말을 녹여서 보여 드리고 있어요.

그리고 괴산에 마을 학교가 있어요. 마을 어른들이 아이들을 함께 가르치는데 저도 마을 학교 활동을 해요. 그림 그리는 수업을 할 때도 있고, 주로 책 만드는 수업을 하는데 숲에서 나뭇가지로 엮어 본다든가 하는 식이에요. 그 안에서 자기표현 하는 연습, 그림에 이야기를 담는 연습을 하는 거죠. 아이들과 함께하는 일은 매번 '나는 이 일에 소질이 있나, 없나.'를 고민하게 만드는 것 같아요.

평범한 하루 일과는 어떠신가요? 집에서 일하는 사람들이 대부분 고민하는 일상과 일을 어떻게 분리하고 계시는지 궁금해요.

저는 분리를 못 해요. (웃음) 회사에 다녀 본 적이 없기 때문에 '분리된 생활'을 알지 못한다고 해야 할까요? 굳이 분리해야겠다고 생각한 적도 없어요. 한번은 이런 적도 있어요. 제가 아기를 집에서 낳았거든요. 진통이 그렇게 갑작스럽게 시작되는 줄 모르고 원고 마감을 여유 부리고 있었어요. 이미 저는 아기 낳으려고 진통하고 있고 조산사 선생님도 와 계시는데, 책상에는 마감하던 그림이 놓여 있고, 그때 마침 신문사에서 원고 독촉 전화가 걸려 왔어요. 이쪽 귀는 조산사 선생님 말 들으랴 반대쪽은 밖에서 통화하는 내용 들으랴 힘주랴 정신없었어요. 일과 일상이 분리되지 않았던 장면 중 가장 드라마틱한 장면이 아니었나 싶어요.

출산의 순간에도 마감해야 하는 원고와 독촉 전화를 걱정해야 했을 와사비 님의 극적인 순간에 마냥 웃을 수만은 없었던 것이, 나 역시 출산 가방에 노트북을 챙겨 갔던 날이 떠올랐기 때문이다. 아기를 낳고 몇 시간 안 되어 링거를 꽂은 손으로 키보드를 두드렸던 그날이 생각났다. 내 일을 대신할 사람이 없는 창작자들은 아마도 급박한 순간에 일을 해야 했던 에피소드 한두 개쯤은 갖고 있을 거다.

저는 원래 루틴이 없는 사람이었는데 아이 낳고 나서는 루틴이라는 게 생겼어요. 아이들 덕분에 어린이집과 학교가 생활에 들어왔죠. 아이들 등교 전까지는 일찍 일어나서 한두 시간 작업을 해요. 미라클 모닝, 그거 있죠? 그렇게 하려고 애써요. 아이들과 똑같이 일어나는 날도 많지만요. (웃음) 애들 학교를 보내고 나서 작업하고. 일하다가 잘 안 되면 마당에서 한 바퀴 풀 뽑다가 다시 들어가서 일하고. 가까운 숲길이나 공공 수련원 같은 곳을 산책하기도 해요. 시골에는 휴양림도 많고 수련원 같은 시설이 있는데, 사용하는 사람이 많지 않아서 여유롭게 걸을 수 있는 곳이 많아요.

일주일에 한 번은 읍내 청소년 카페에서 자원봉사를 해요. 2시간에서 4시간 정도. 마을 사람들과 교육청이 함께 만든 청소년 돌봄 시설인데 청소년 카페에 가지 않는 날은 수업하거나 회의하거나 하고요. 주말에는 아이들과 수영하거나 산책하며 보내요.

이제 와사비 님과 괴산에서의 삶을 따로 떨어뜨려 놓고 생각하기가 어려워요. 괴산의 특징 같은 것이 있을까요?

괴산에 귀촌하신 분들이 대체로 생태 감수성이 높은 분들이 많더라고요. 그래서 읍내에서 같이 마을 교육 활동하는 분들도 교육적인 측면에서 하는 것이지 돈을 보고 하는 건 아니에요. 우리 애들이 다 같이 잘 컸으면 좋겠다는 차원에서 활동하는 분들이 대부분이거든요. 애들이 자랄 때까지는 서로 품을 내서 키운다는 연대 의식이 있어요.

청소년 카페에서 같이 활동하시는 분들과는 가끔 나 죽으면 내 애는 이렇게 키워달라고 서로 얘기하기도 하고. '나 죽으면 우리 애한테 너는 잘 모르겠지만 사랑받았다고 얘기해 줘. 나 죽으면 우리 아들이 추모할 시간을 충분히 갖도록 해 줘.' 이런 얘기들을 해요. 내 눈이 벗어난 곳에서도 아이를 봐주는 사람들이 있으니까 든든하지요. 나중에 아이들이 커서 더 큰 학교에 가고 싶다거나 도시까지는 아니어도 더 넓은 곳으로 가야 할 필요를 느끼더라도 이 집은 계속 유지할 거예요. 여기가 좋아요.

작가이자 엄마로서의 와사비 님을 보면서 개인적으로 위안을 많이 얻고 있어요. 아이들과 함께 치열하고 바쁘게 살아가고 계시지만 그 안에서 짬짬이 즐거움을 찾고 만족하고 계시는 것처럼 보이거든요.

지금은 아이들이 컸지만, 아이들이 아주 어렸을 때는 울면서 일했어요. 머리로는 '아이를 키우는 지금이 소중하다.'라는 걸 아는데, 마감은 밀리고 아기 젖도 줘야 하고 시골 생활에도 적응해야 했지요. 그때 아이를 업고 마감하고 그랬어요. 지금은 저도 혼자만의 시간을 잠깐이나마 가질 수 있을 만큼 아이들이 자라서, 집을 누릴 수 있는 시간이 많아졌어요. 책상 앞에서나 부엌에서나 저 하고 싶은 걸 하면서 사진도 찍고 그래요. 그렇게 집에서 놀아요. 특히 코로나 시기에는 여기서 지내길 잘했다고 생각했어요.

저희는 다섯이 한 팀이에요. 그러니까 우리 스튜디오는 5인 체제인 거죠. 주말 같을 때는 남편과 함께 기록 촬영하는 일이 많아요. 그래서 첫째 태어나고 한 달 뒤부터는 거의 행사장 같은 데서 컸어요. 업고 다녔지요. 요즘도 그때를 기억하시는 분들이 '이제 애들 내려놓고 찍냐.'고 하시더라고요. (웃음) 주로 문화행사나 숲 놀이터 같은 이벤트나 농사 현장을 촬영해서 아이들은 거기서 주로 놀아요. 아이들 입장에서는 이건 일, 이건 놀이라는 구분이 많이 없는 거 같아요. 촬영이나 취재는 놀이 쪽이 가깝고, 책상에서 하는 일은 진짜 일이라고 생각하는 게 아닐까 해요.

아이들이 초등학교 3학년이 되면 사회 과목이 생기면서 제일 먼저 지역을 배우는데 제가 3학년 지역 교과서 그림을 그렸거든요. 그때 엄마 일이 그림 그리는 거란 걸 처음으로 체감하지 않았을까 싶어요.

와사비 님의 그림에는 아이들과 뒤엉켜 자거나 함께 일하는 모습이 자주 등장한다. 고만고만한 나이의 아이들 셋과 함께 부대끼며 작업하는 모습이 따뜻하고 때로는 눈물 나게 안타까워서 비슷한 시간을 보내는 나에게 그 존재 자체가 위안이 되었다. 와사비 님은 모르시겠지만, 짤막한 일상의 그림 한 컷을 보며 힘을 얻은 사람들이 나뿐만은 아닐 것이다.

이 집에 대한 이야기도 궁금해요. 마당 안에 두 집이 마주 보고 있고 옆에 텃밭이 있는 구조네요.

처음 일산에 살다가 시골로 내려왔을 때는 농사를 잘 지을 수 있을 것으로 생각했어요. 그래서 큰 텃밭이 있는 옛날 집을 샀어요. 터 안에 집이 두 채가 있는데 여기는 작업실이고 저 뒤에는 살림집이에요. 살림집은 옛날 시골집을 수리한 집이고요. 저희가 처음 사서 고친 집이지요. 옛날 집이라 집이 추워서 한 방에서 다 같이 잤어요. 작업실은 살림집의 앞집이었던 다른 집이었는데, 나중에 저희가 사서 작업실로 만들었어요. 여러 비하인드 스토리가 있지만, 결국 나란히 붙은 두 집을 산 셈입니다. 작업실 집은 리모델링을 하기도 했고, 생활의 냄새가 나지 않아서 그런지 아이들이 여행 온 것 같다면서 좋아해요.

잘할 수 있을 것 같았던 농사는 소질이 없다는 걸 알았고, 텃밭은 대폭 줄여서 지

금은 두 줄만 남아 있어요. 저희에겐 두 줄이면 충분한 것 같아요.

지역과 집에 무척 만족하고 지내시는 것 같은데 더 바라시는 것도 있을까요? 드림 하우스처럼요.

　시골에 와서 집을 두 개나 고치고 살았더니 더이상 집에 대한 여한은 없어요. 최종적으로 집에서 이루고 싶은 건 다 해본 것 같아요. 그런데 아파트에 한번 살아 보고 싶다는 생각은 해요. 드림 하우스와는 약간 다른 개념인데 '아파트가 주는 특유의 쾌적함을 생활로 느껴 보고 싶다.' 정도. 여기는 습기도 있고 자연에서 주는 것들과 너-무 가까우니까. (웃음) 어느 날은 남편이 돌계단 사이에 누가 스타킹을 벗어서 끼워놓고 갔다고 하더라고요. 아니, 누가 스타킹을 놓고 가냐고 나가서 자세히 보니까 뱀 허물이었어요. 여기는 뱀도 자주 나오고 쥐도 나오고 그리마 같은 벌레도 나오거든요. 다 여기 같이 살아요.

가끔 아파트에 가면 욕실도 뽀송뽀송하고 거미도 없고 그런 쾌적함을 생활에서 느껴 보고 싶다고 생각하기도 해요. 이 생각은 아이들 교육과도 맞물려 있는데, 어느 적당한 시기가 되거나 교육에 대해 고민하는 것들의 답을 결정하면 그때는 도시나 아파트에 살 수도 있지 않나 생각해요. 그래도 이 집은 없애지 않을 거고요.

이미 드림 하우스에 살고 있는 것 같은 사람들도 더 나은 집을 꿈꾸는 경우가 많은데, 집에 대한 로망을 다 이뤘다는 대답은 처음이라 놀라웠다. 주거 형태는 가족 구성원의 성장과 원하는 삶의 방향에 따라 언제든 달라질 수 있고, 중요한 것은 그 집을 활용하는 나에게 달려 있다는 이야기가 인터뷰가 끝난 후에도 오래 남았다.

끝으로 와사비 님이 집에서 가장 중요하게 생각하는 건 뭔지 여쭤보고 싶네요. 살림집과 분리된 이 작업 공간일 수도 있고, 텃밭을 좋아하시니까 마당일 수도 있을 것 같네요.

이 질문을 받고 어떤 대답을 해야 하나… 집에서 제일 중요한 건 뭘까 생각해보니 아무래도 심적 여유인 것 같아요. 이 모든 걸 누리려고 해도 뭐에 쫓기고 있으면 마당에 안 나가더라고요. 올해 봄이 진짜 짧았거든요. 짧다기보다 되게 달콤한 봄이라고 느꼈는데, 그런데도 마당에 나올 시간이 없었어요. 시골집에 살아도, 마감이 있는 날에는 마당에 한 번도 못 나오는 날도 많아요. 집을 누리려면 여유가 있어야 한다고 생각해요.

인터뷰가 끝나고 텃밭에서 방금 딴 채소를 담은 꾸러미를 받아 들고 집으로 돌아왔다. 특히나 향이 좋았던 고수는 흔하게 살 수 있는 채소가 아니라 더 반가웠는데, 샌드위치와 파스타, 볶음밥으로 몇 끼를 먹을 수 있을 만큼 충분한 양이었다. 인터뷰 중간 와사비 님은 일본의 독립 잡지 같은 책을 만들어 보고 싶다고 하셨다. 아이들이 조금 더 크면 와사비 님이 하고 싶으시다던 독립 잡지를 꼭 만드셨으면 좋겠다. 아무래도 나는 모니터보다 종이책으로 그녀의 그림을 소장하고 싶은가 보다.

나중에 아이들이 커서
더 큰 학교에 가고 싶다거나
도시까지는 아니어도
더 넓은 곳으로 가야 할
필요를 느끼더라도
이 집은 계속 유지할 거예요.

여기가 좋아요.

올해 봄이
진짜 짧았거든요.

짧다기보다 되게
달콤한 봄이라고 느꼈는데,
그런데도 마당에 나올
시간이 없었어요.

시골집에 살아도,
마감이 있는 날에는
마당에 한 번도
못 나오는 날도 많아요.

집을 누리려면
여유가 있어야 한다고 생각해요.

삶의 모습을
결정하는
취향

오디너리 작업실

와인

핸드메이더. 네베르스로이더.
자작나무껍질로 일상에서 사용할 수 있는 바스켓을 만들어요.
나무를 벌목하지 않고 수피만을 사용하는 지속가능한 스웨덴 전통공예입니다.
자연에서 온 재료를 소중히 여기고
망가지면 수리해서 오래 사용하는 문화도 함께 배우고 있습니다.

한동안 라탄 공예가 인기였잖아요. 자작나무껍질 공예는 익숙하지 않은 분들도 계실 텐데 처음 시작하시게 된 계기가 궁금해요.

제가 배운 선생님이 '까사 라이크'라는 쇼핑몰을 하시거든요. 일본의 포그 리넨 같은 걸 수입하는 쇼핑몰인데 그분과 블로그 이웃이었어요. 어느 날은 자작나무 바구니 사진을 올리셔서 예쁘다고 생각했는데 그걸 만드는 수업을 준비하신다는 거예요. 그래서 쇼룸에 갔을 때 언제부터 수업하시는지 여쭤보고 같이 간 사람들끼리 원데이 수업을 해 달라고 했었어요. 그때까지만 해도 쭉 배우게 될지 모르고 그냥 좋아서 시작했어요. 제가 북유럽 인테리어나 빈티지 제품을 좋아하는데 집집마다 자작나무 바구니가 꼭 있었거든요. 예쁘다고 생각하고 있었는데 이걸 한국에서 배울 수 있다는 걸 알고 나니 멈출 수가 없었어요. 그때 아이가 유치원에 막 들어갔을 때였는데 재워 놓고 밤에 손을 움직이는 게 정서적으로도 좋았던 것 같아요. 그래서 취미로 하던 것이 수업까지 이어졌어요.

알고 보니 선생님이 일본에 한 달에 한 번씩 2년 동안 가서 배우셨더라고요. 그때 일본은 자작나무껍질 공예가 대중적이었거든요. 제가 배웠던 선생님의 선생님은 일본 분이신데 스웨덴에 살면서 배우셨다고 해요. 그래서 스웨덴 선생님과 일본 선생님이 계시고 저희 선생님이 있는 거죠. 자작나무껍질 공예는 사람과 사람이 연결이 되어서 우리나라에 들어왔다고 할 수 있어요.

와인 님에게 '취향'은 빼놓을 수 없는 주제인 것 같아요. 시간을 거슬러 올라가서 빈티지를 좋아하시게 된 이야기도 듣고 싶어요.

그냥 오래된 걸 좋아하는 것 같아요. 예쁜 걸 좋아하고요. 디자인 제품 같은 걸 다 좋아하는데 처음 구입하려고 하면 새 제품보다는 오래된 게 저렴하잖아요. 빈티지 제품이 지금처럼 각광 받기 전에는 그랬거든요. 그래서 하나둘씩 모으다 보니 그게 너무 매력 있었어요.

처음부터 확고한 취향을 갖고 신혼살림을 시작한 건 아니었어요. 결혼하고 4년 동안 맞벌이를 했는데 그때는 살림에 별로 관심이 없었거든요. 그런데 몸이 안 좋아서 회사를 그만두고 집에서 쉬면서 관심을 갖게 됐어요. 집에 있는 시간이 늘어나니까요. 아이를 낳는 것에 대해 고민하고 준비하던 시기였는데 딱 우주를 임신하고 나서부터 시작하게 된 것 같아요.

자기만의 취향을 지키기 위한 비법 같은 게 있을까요? 물건을 살 때 자기의 취향을 고수하는 게 사실 그때는 작은 것 하나인데 그것들이 모여 내가 사는 풍경을 만들어 내잖아요. 결국엔 내 취향이 곧 내 삶의 모습을 만든다는 생각을 하게 됐어요.

시행착오가 필요해요. 저도 2년 정도 겪은 것 같아요. 빈티지를 모으기 시작하면서 팔기도 많이 팔았고요. 우선은 궁금하니까 사 보는 거예요. 그런데 사 보고 나니까 이건 아닌 것 같은 것도 있고, 너무 예뻐서 샀는데 손이 안 가는 것도 있고 그런 과정을 몇 년 거쳤어요. 그런 기간을 거치면서 내 취향이 뭔지 알게 돼요. 확신을 갖고 이건 내 취향이다 싶어서 사는 건 보통 우리 집에 있었던 것 같더라고요. 그런데 이런 것도 한번 시도해 볼까? 했던 것은 결국 쌓여 가고요. 사용을 안 하게 되고.

집이 어느 정도 내 취향대로 꾸며진 이후에는 그때부터는 쉬워요. 없는 것에서 새로 만드는 게 아니라 하나만 더하면 되니까. 제가 지금 공방을 꾸미고 있는데 너무 어려워요. 아예 새로 시작해야 되니까요. 저는 뭘 살 때 결정을 잘 못하고 고민하는 편이 아닌데 신혼살림 사듯이 커튼부터 모든 걸 동시에 준비해야 하니까 어렵더라고요. 내가 늘 이용하는 온라인, 오프라인 숍에서 물건만 사면 되는 게 아니라 통째로 새로 꾸리려면 또 새로운 곳에 가야 하니까요. 거기에는 새로운 것들이 가득하니까. 그게 너무 어려운 것 같아요. 요즘 사람들이 좋아하는 건 또 다르고요. 오래된 물건과 디자인 제품을 적절히 섞어서 사용하는 게 지금 저한테 최적인 거 같아요.

와인 님과 인터뷰하며 가성비에 밀려 취향을 고려하지 못한 우리 집 살림살이들이 떠올랐다. 취향을 알아가는 것도 어렵지만 그 취향을 흔들림 없이 고집하는 것도 어려운 법. 인스타그램에서 #노오디너리홈 태그를 보면 오랜 시간에 걸친 와인 님의 집과 취향을 엿볼 수 있다. 한 사람의 취향이 단순한 취미나 일상을 가꾸는 즐거움을 넘어 일이 되는 과정을 지켜본 사람으로서 그 고집스럽고 자연스러운 수순에 감탄이 나온다.

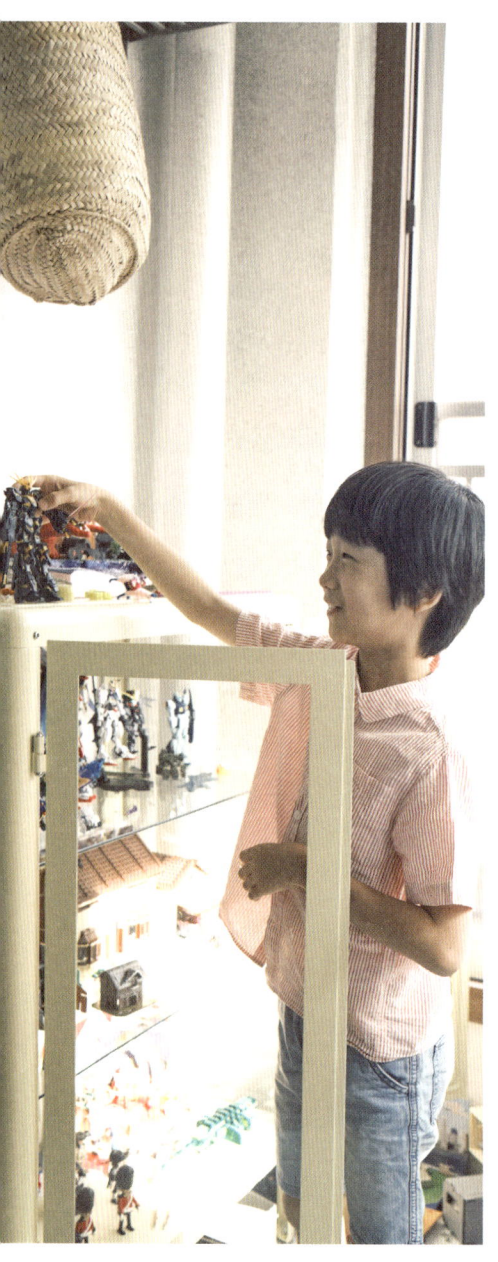

집에서 수업을 하시다가 작업실을 따로 마련하셨잖아요. 집에 있다 밖으로 나가게 된 이야기도 듣고 싶어요. 집이 작업 공간이자 수업 공간이 되는 것에 대한 부담이 있으셨을까요?

우선은 집에서 가르친다는 게 뭔가 프로페셔널한 느낌이 아니라 걱정이었어요. 전문적인 공방으로 배우러 가는 느낌이 아니고 사적인 만남 같잖아요. 오시는 분들도 이 공간을 사진으로 보고 이미 아실 텐데, 집이라고 생각 못 하고 상가인 줄 알았다는 분들도 계시더라고요. 그래서 설명을 드리고 집에서 했었지요. 수업하면서도 아이와 함께 오신 분도 있었는데 아이들끼리 싸우면 말리기도 하고,(웃음) 애들이 배고프다고 하면 밥 해 주고 다시 수업하기도 했어요.

생활 공간과 작업하는 공간이 섞이는 건 전혀 상관없었어요. 어차피 밤에 작업을 주로 하니까 제 작업은 일상과 뒤섞여도 상관없었는데 수업 공간은 좀 분리하고 싶었어요. 코로나로 우주가 일주일에 두 번 학교를 가고 남편도 일주일에 두 번 재택근무를 하는데 그 사이에서 제 수업 시간을 찾는 것도 어려웠고요. 수강생이 점점 늘어나고 있기도 했어요.

작업실을 얻으면서 새롭게 알게 된 것도

있어요. 공방을 열기 전에 집에서 수업을 하면 생활의 모습이 보이는 게 싫어서 청소를 열심히 하거든요. 청소도 해야 하고 수업 준비도 해야 하고 너무 힘든 거예요. 그래서 우주에게 엄마가 이거 하는 거 싫지 않냐고 물어봤더니 '무슨 그런 어이없는 소리를 해. 얼마나 좋은데. 엄마가 이렇게 해 줘서 고마워.'라고 하더라고요. 저는 우주가 외동이니까 또래는 아니어도 집에 새로운 사람들이 오는 게 우주한테도 좋다는 걸 나중에 깨달았어요. 우주도 집에 사람이 오는 걸 좋아했고요. 어느 수강생이 그런 얘기를 하시더라고요. 자기가 진짜 좋아하는 동생이 있는데 성격이 너무 좋아서 '우리 딸도 너처럼만 키우면 좋겠다.' 그랬더니 그분이 가게를 하라고 했대요. 자기는 엄마가 식당을 하셔서 가게 이모들과 손님들이 다 키워 줬다고. 사람을 계속 만나니까 성격이 둥글둥글해질 수밖에 없었다고요. 그때 그런 생각을 하게 됐어요. 집에서 수업하면서 우주가 계속 다양한 사람을 만나는 기회가 생기는 게 좋았을 수도 있다고요.

집을 무척 가꾸고 또 아끼시는 분이라는 걸 잘 아는데 캠핑도 좋아하시더라고요. 제 주변에도 보면 집에 대한 애착이 크고 살림을 잘하는 분들이 캠핑을 좋아하는 경우가 많은 것 같아 신기했어요.

집에서 수업을 하면서부터 그렇게 된 것 같아요. 저도 나가야 쉬는 것 같아요. 캠핑을 간다거나 전시를 보러 간다거나.

집에서 가장 좋아하는 공간은 어디일까요?

부엌이 제일 좋아요. 부엌이 서향인데 빛이 너무 예쁘게 들어와요. 그래서 음식하면서 기미가 생기지 않을까 모자를 써야 하나 걱정이 될 정도인데 그 시간에는 요리하기 전 식재료도 그렇고 부엌의 모든 게 예뻐 보여요. 그래서 정신없이 바쁜 와중에도 사진을 찍게 돼요. 예전에는 다 차려 놓은 식탁을 찍었는데 지금은 빛이 들어오는 시간이 좋아서 만드는 과정을 많이 찍어요. 제일 정신없는 시간인데 자연광이 너무 예뻐서요. 저녁을 보통 밤에 먹는데 여름 같은 경우에는 저녁을 먹을 때도 밝잖아요. 그럼 해가 깊게 들어와서 부엌 전체가 밝아지거든요.

사실 집에서 부엌은 심장이잖아요. 깔끔하게 정리된 다른 집 부엌을 보면 부럽기도 한데 그런 부엌을 갖고 싶지는 않아요. 부엌은 모든 걸 만들고 생명을 먹여 살리는, 계속 움직이고 바쁜 공간이니까. 그래서 지저분할 수밖에 없지만, 기름때도 있고 복닥복닥한 생활의 냄새가 나는 제 부엌이 제일 좋아요.

보이는 것만큼이나 실용적인 것을 중요하게 생각하는 와인 님의 부엌이 내 눈에는 더할 나위 없이 깔끔해 보였지만 확실히 조금 전까지도 분주하게 움직이며 맛있는 음식이 만들어졌을 것 같은 생활감이 있었다. 나 역시 소금이나 오일이 꺼내져 있지 않은 모델 하우스 같은 주방보다 이쪽이 훨씬 좋다.

이 일을 하신 지는 몇 년이나 되셨죠? 자작나무껍질 공예라는 것이 대중적으로 알려지기 전부터 이 일을 하신 것 같아요.

제가 취미로 배우기 시작한 건 4년 전이고 가르치기 시작한 건 3년 됐어요. 제가 배운 선생님의 첫 제자가 저를 포함한 서너 명이 있었어요. 그 사람들이 1기였고요. 처음에는 만드는 게 좋으니까 아무 생각 없이 해 나갔는데 협회가 없으면 보호 받을 수가 없더라고요. 출강을 가고 싶거나 문화센터나 학교 같은 곳에 가기 위해서는 수강생들을 위한 서류가 필요했어요. 협회 소속이거나 자격증이 필요하다는 생각이 들어서 민간 자격증도 신청하고 인증 과정을 거쳐서 협회를 만들게 되었지요. 저희가 어느 정도 배우고 나서부터 계속 회의를 했어요. 다른 분들이 저희한테 배웠다는 인증을 해 준다기보다 이걸 배워서 사회에 나가 업이 될 수 있게 증빙할 수 있는 도움을 드리고 싶어서요. 그래서 수업 커리큘럼도 저희는 다 공유해요. 모든 공방에서 같은 커리큘럼으로 들을 수 있고 같은 걸 배울 수 있어요. 동일하게.

바구니나 채반 같은 건 죽공예, 라탄 공예가 먼저 떠오르는데 자작나무껍질로 만든 건 어떻게 다른가요?

라탄이나 대나무는 습기에 약해요. 그런데 자작나무는 안 썩어요. 자작나무껍질에 항균 성분이 있어서 물에 닿아도 돼요. 장마철이 되면 공방들이 곰팡이 때문에 관리를 아무리 잘해도 재료를 버리게 되는 경우가 많은데 자작나무는 걱정이 없어요. 그래서 샌드위치나 주먹밥을 넣어서 도시락으로 쓰고, 물로 씻어도 되고 옥수수나 감자를 쪄서 뜨거운 채로 담아 놔도 괜찮아요. 특히 행잉 플랜트 바구니로 사용할 때 정말 편해요. 벽에 걸어 두었던 걸 그대로 화장실로 가져가서 물을 주고 다시 걸어 놓을 수 있거든요. 실제로 제가 사용해 보니 자작나무라는 소재가 너무 편하더라고요.

흔히 라탄을 많이 아시는데 라탄과는 질감이 전혀 달라요. 이건 가죽 같은 질감이에요. 자작나무껍질을 벗기면 종이처럼 되는데 그 상태가 촉촉한 가죽 같아요. 우리나라에는 없는 소재인데 우리나라에도 자작나무는 있지만 우리나라 나무로는 이렇게 껍질을 벗겨서 만들 수가 없대요. 북유럽의 기후를 버티고 살아남은 나무들이 그렇게 기름기와 항균 성분을 갖고 있다고 하더라고요. 일본은 북해도에서 나는 자작나무껍질을 사용하고요. 지금은 러시아와 스웨덴 자작나무껍질을 사용하는데 너무 좋은 게 이게 나무를 죽이지 않고 껍질만 빌려서 사용하는 거라 1년에 한 번만 수확할 수 있어요. 한 달만 채취 기간이 정해져 있고, 허가를 받은 사람만 할 수 있고요. 한 달 수확한 재료로 1년을 쓰는 거예요. 그래서 가격이 비싸지만 지속 가능한 재료라는 게 저는 너무 좋아요. 사실 종이도 나무를 자르는 건데 이건 껍질만 사용하는 거니까요. 그렇게 만드는 바구니 자체도 반영구적으로 쓸 수 있어요. 그리고 만약 바구니가 뜯어지거나 해진 부분이 생기면 그 부분만 바꿔서 끼워도 돼요. 전체를 다 풀어서 다시 제작하는 게 아니고 부분적으로 수리해서 계속 쓸 수 있어요. 그 점도 무척 매력적이에요.

와인 님의 작품도 궁금해요. 오래전부터 만들던 형태의 바구니나 가방 같은 것은 도안이 있는 건가요?

어느 정도 배우고 나면 창작할 수 있어요. 창작 작품을 만들어야 1급 자격증을 딸 수 있고요. 창작이라고 해서 거창한 게 아니라 내가 원하는 디자인을 원하는 형태로 구현할 수 있어야 해요. 스웨덴 사람들은 닭이나 개, 동물 모양 장식품을 만들기도 해요. 제 창작 작품은 토이 하우스가 있어요. 수납을 할 수도 있고 인형놀이를 할 수도 있고요. 이런 것들은 제가 아이를 키우니까 만들 수 있게 된 것 같아요.

제가 좋아하는 건 도토리 모양으로 만든 거랑, 전통 짜임은 아닌데 눈꽃 모양이라서 눈꽃 바스켓 아니면 육각 바스켓이라고 부르는 것들이에요. 큰 바구니는 책처럼 무게가 있는 걸 넣을 수 있게 버티는 힘이 필요해서 두꺼운 걸로 만들고 북커버 같은 경우는 얇은 것들을 골라서 만들어요. 오래 사용하면 가죽처럼 윤기가 흐르고요.

저는 국립중앙박물관에서 열렸던 핀란드 디자인 전시 때 자작나무 공예품을 보고 깜짝 놀랐어요. 만드는 방식이나 형태가 그대로더라고요. 시간이 지나면서 현대적인 형태로 바뀔 법도 한데 그대로 이어지고 있다는 게 흥미로웠어요.

스웨덴에 이주해서 살고 있는 친한 지인이 있는데 그 언니가 저한테 바구니를 구입했어요. 거기서 살 수 있지 않냐고 물어봤더니 우리나라의 죽공예처럼 시골에 가면 봤었던 추억이 있는 물건이지 젊은 사람들이 쉽게 구입하고 자주 이용하는 물건은 아니래요. 전통 공예숍에 가면 있지만 약간은 멀게 느껴지는. 그래서 그 언니가 도시락을 만들어 달라고 해서 보냈는데 스웨덴 친구들한테 자랑했다고 해요. 한국인 친구가 만든 거라고. 그 사람들은 무척 신기했겠지요.

평소 작업은 어떻게 하시는 편인가요?

　너무 산만할 때는 마음이 불편해서 조용할 때 2~3시간 정도 제 시간이 있을 때 작업해요. 〈빵과 스프, 고양이와 함께하기 좋은 날〉 같은 잔잔한 영화나 음악이 좋은 영화를 흘러가듯이 틀어 놓고 하는 편이에요. 저번 가을에 수피가 은행나무 잎처럼 노란 톤으로 예쁜 게 들어와서 노라 존스 노래 들으며 바구니를 만들었거든요. 그래서 그때 만든 바구니 다섯 개는 노라 존스 바구니라고 이름 붙였어요. 겨울에는 쳇 베이커(트럼펫 연주자) 바구니를 만들어 볼까? 생각하기도 하고요. 그런 거에 영향을 받는 편이에요.

집에서 일하시면서 일과 일상의 균형은 어떻게 잡으려고 노력하시나요? 저는 글을 쓰는 일이라 작업실이 아닌 곳에서 일하거나 아이와 함께 하는 게 크게 어렵지 않다고 생각했는데, 바느질을 하시거나 그림을 그리거나 수업을 하시는 분들은 대체 어떻게 하실까 존경스러워요.

　그럼에도 불구하고 해야 된다는 마음가짐은 아닌 것 같아요. 이렇게라도 할 수 있어서 감사하고 있어요. 아이가 조금 크면 요만큼씩, 100을 엄마로 살다가 10만나로 살 수 있었다면 지금은 파이가 조금씩 커져서 30~40 정도 내가 될 수 있는 게 너무 감사하죠. 지금 할 수 있는 만큼만 하는 게 일과 생활의 밸런스에서 최선인 거예요. 조금씩 조금씩 늘려 갈 수 있는 것만으로도 감사하지요. 그렇게 할 수 있는 것도 우주가 그만큼 같이 커 줘서 더 할 수 있는 거잖아요. 저는 이 일을 가늘고 길게 할머니가 될 때까지 오래할 거니까 그게 너무 감사한 것 같아요. 아이를 누군가한테 맡기지 않아도 할 수 있는 내 일이 있고, 아이가 자라니까 엄마의 시간을 조금씩 늘려 가면서 언젠가 100% 그냥 나 자신일 수밖에 없는 시간이 또 올 거 아니에요. 그럼 그때는 또 아이가 그리울 수 있잖아요. 그러니까 그 시간을 지나면서 내가 아이 때문에 뭘 못했다가 아니라 아이 덕분에 다른 방향으로 더 확장될 수 있다고 생각해요. 아마 우주가 없었다면 이런 작업을 못했을 것 같아요. 가족들이 함께 집에서 부대껴 가면서 시간을 쪼개 내 시간을 찾아 일했던 걸 떠올리면 '그때 힘들었지.'가 아니라 그리워질 것 같아요.

그리고 이런 것도 있어요. 제가 뭘 하면 우주도 자기 눈을 가진다고 생각해요. 제가 드로잉을 배울 때는 우주도 그림을 그리고 엄마가 뭘 하면 자연스럽게 자기도 옆에서 참견하는 게 좋은 것 같아요. 우주가 손으로 뭘 만드는 걸 좋아하게 된 것도 그런 영향일 거라 생각해요.

인터뷰 내내 우주도 자기 이야기를 하고 싶어 했는데 얘기할 시간을 주자 직접 구입한 빈티지 물건을 가지고 왔다. 제주도의 빈티지 옷 가게에서 몇 년에 걸쳐 가격을 물어보고 차마 사지 못했던 것을 사장님께서 선물해 주셨다고 한다. 엄마가 옷을 사러 가면 대부분의 남자아이들이 빨리 나가자고 하거나 아무 반응이 없는데 빈티지 옷과 물건을 예쁘다고 하는 게 기특하셨다고. 취향이 분명한 엄마 덕분에 아름다운 것들에 둘러싸여 자란 우주는 벌써 타고난 미감을 갖고 있는 게 아닐까.

우주가 로고 그림도 그려 준 걸로 알고 있어요. 자연스러운 손그림이 예쁘더라고요.

TWL이라고 제가 좋아하는 편집숍이 있는데 거기 마켓을 나가게 됐어요. 그때 제가 명함이 없었어요. 그래서 자작나무 자투리를 잘라서 패치워크처럼 하나하나 손으로 명함을 만들고 있었는데 우주가 '엄마 내가 명함 만들어 줄까?' 하더라고요. 그때 볼펜으로 슥슥 그려준 거예요. 저는 우주의 펜 드로잉을 무척 좋아하거든요. 지워지는 볼펜으로 그린 건데 실패한 흔적이 있어도 너무 좋아서 그걸로 도장도 만들어서 지금까지 쓰고 있어요.

사실 마켓이나 수업에서 우주가 만나는 분들은 제 인연으로 오는 분들이니 아이에게 무척 친절하게 대해 주세요. 예뻐해 주시고 잘해 주시려고 하고. 한번은 그런 것에 대해서 조금 깊게 생각했었어요. 왜냐하면 아이가 당연하다고 느끼면 안 될 것 같아서요. 그래서 우주에게 이건 당연한 게 아니고 너도 누군가에게 똑같이 친절을 베풀어야 하는 거라고 알려 줘요. 어떤 걸 받더라도 당연히 주시는 게 아니고 고마운 거라고. 『어린이라는 세계』라는 책을 보면서 어릴 때 이런 친절과 배려를 받아보는 게 우주에게 무척 중요한 거구나. 지금은 그게 쌓여서 얘가 어른이 됐을 때 또 다른 아이에게 친절한 어른이 될 수 있겠구나 생각하게 됐어요.

이 책을 준비하면서 가장 조심한 것은 잡지에 나올 것 같은 근사한 인테리어의 집을 제외하는 거였다. 나는 집을 생활의 공간이자 작업 공간으로 살아가는 다양한 업을 가진 사람들이 만나고 싶었던 것이지 그들의 값비싼 가구와 세련된 인테리어를 보고자 했던 것이 아니었으니까. 그래서 누구나 부러워할 만한 좋은 집과 좋은 가구, 커다란 집은 지양하고자 했다.

와인 님의 집은 앞서 말한 집들과 분명 겹치는 부분이 있는 아름다운 집임에 틀림없지만, 이 집을 빼놓을 수 없었던 이유는 가격과 유행이 아닌 취향과 관심으로 오랜 시간 만들어 간 공간이기 때문이었다. 취향을 알아 가는 시간과 지켜 가는 과정의 가치를 공유하고 싶은 바람이다.

부엌은 모든 걸 만들고
생명을 먹여 살리는,
계속 움직이고 바쁜 공간이니까.

그래서 지저분할 수밖에 없지만,
기름때도 있고
복닥복닥한 생활의 냄새가 나는
제 부엌이 제일 좋아요.

그럼에도 불구하고
해야 된다는 마음가짐은
아닌 것 같아요.

지금 할 수 있는 만큼만 하는 게
일과 생활의 밸런스에서
최선인 거예요.

조금씩 조금씩
늘려 갈 수 있는 것만으로도
감사하지요.

꿈꾸는
제주의
작업실

두근공방

윤선미

제주에 살고 있습니다.
손으로 만드는 것을 좋아합니다.
조금은 어설프고 투박해도
손끝으로 전해지는 따뜻함이 좋습니다.
자수 그림책을 만드는 꿈을 꿉니다.

저는 선미 님을 '일월의 미'로 알게 되었어요. 누군가는 선미 님을 민박집과 연결 지어 생각하고, 누군가는 자수, 혹은 인형 작가로 알 수도 있을 것 같아요. 어떤 일들을 하시는지 소개 부탁드려요.

제주로 내려온 지는 10년 정도 되었고, 제주 동쪽에서 '일월의 미'라는 민박집과 '두근공방'이라는 이름으로 자수를 놓고 모빌을 만들고 있어요.

내가 제주에 방문했을 때 선미 님은 일월의 미라는 민박집을 운영하고 있었다. 감성에 진심을 더한다면 딱 이런 곳이 아닐까 싶은 아름다운 곳이었는데, 선미 님의 블로그에 남기신 글을 보면 단순한 민박집이 아닌 나를 위한 공간으로 쏟은 애정이 엿볼 수 있었다. (일월의 미는 현재 문을 닫았고 지금은 구좌읍에서 '토끼풀 민박'을 운영하고 계신다.)

일월의 미는 제주도 갈 때마다 조금씩 바뀌는 재미가 있는 민박집. 남편에게 얘기했더니 손님은 어차피 처음이라 알게 뭐냐 하는데 손님을 위해서이기도 하지만 나를 위해서 하는 일이다. 손님이 떠나면 나의 공간이 되는 이곳. 잠시라도 머무는 동안 책도 보고 차도 마시며 이 공간을 즐긴다. 또 다른 나의 집, 일월의 미를.

저희가 오늘 일월의 미에서 하룻밤을 보내고 왔잖아요. 구석구석 직접 고치고 만든 것들이 눈에 띄어서 감탄했어요. 빳빳하게 다림질한 침구부터 창호지에 덧댄 패브릭까지 집안 곳곳에 정성이 가득한 느낌이었는데 만들고 고치는 것에 어려움은 없으셨나요?

일월의 미는 친구가 하던 민박집을 이어받아 운영하는 것이라 큰 어려움은 없었고 이불과 가구 정도만 바꾸었어요. 소박한 제주 가옥이라 목화솜 요에 꽃무늬 이불을 만들었는데, 뭔가 촌스러운 것이 외할머니 집에 놀러 온 기분도 나고 집이랑 잘 어울려 마음에 들었고요.

지금은 돌아가신 시어머님이 재봉틀로

직선 박기를 알려 주셨는데요. 제주에 살다 보니 어머님께 배운 기술이 유용하게 쓰였어요. 마음에 드는 원단을 잘라 드르륵 박기만 하면 행주로, 컵 받침으로. 바구니를 덮을 보자기로, 커튼으로 바뀌니까요. 삐뚤빼뚤 완성도는 떨어져도 직접 만드는 기쁨이 컸어요.

제주가 배송이 잘되고 기사님이 오셔서 만들어 주는 게 가능했다면 저도 사다가 하거나 다른 사람한테 맡길 수도 있었을 텐데 여기는 그런 게 잘 안 돼요. 그래서 여기 몇 년 살다 보면 남편들이 나무도 자르고 다 본인들이 직접 하게 되더라고요. (웃음)

손으로 만들고 고치는 것 외에도 창작하는 것에 대한 욕구가 강하다는 느낌을 받았어요. 글쓰기도 배우셨고 책을 만드시거나 전시도 하셨더라고요.

기본적으로 두루두루 재료에 관심이 많아요. 그래서 지금 하는 바느질을 통해서 무언가를 만들고 싶다기보다 이런 거 저런 거 구경하고 싶다는 생각이 있어요. 계획해서 뭔가를 했다기보다 어쩌다 보니 글쓰기 수업도 듣고 책도 만들고 전시도 하게 됐네요. 글쓰기 수업을 들었을 땐 코로나가 막 터졌을 때라 민박집에 손님이 없고 한가했어요. 이웃 블로그에 마침 올라온 수업 공지를 보고 잘됐다 싶어 신청했죠. 글쓰기 수업은 매주 하나의 주제를 완성해 글을 제출해야 했는데요, '내 삶은 ~하기 전과 후로 나뉜다.' 가 첫 번째 주제였어요. 그래서 장롱면허였던 제가 육지에 간 남편을 마중하러 처음으로 혼자 덜덜 떨며 운전해서 공항에 가는 내용을 썼어요. 운전을 시작하고 어디든 가고 싶은 곳을 갈 수 있고, 제 삶의 반경이 넓어져서 운전이 제게 새로운 날개를 달아 주었다고요. 글쓰기도 특별한 사람만 쓸 수 있는 줄 알았지 '나처럼 평범한 사람이 글을 써도 될까.'라는 생각이 있었어요. 그런데 쓰다 보니 저 자신을 돌아보기도 하고 타인의 마음을 헤아려 보게 되면서 저의 세계가 한 뼘 더 넓어진다는 것을 느꼈어요. 뭐든 해 보면 다 도움이 되는 것 같아요.

선미 님의 지난 시간에 대해 듣다 보면 모든 작업이 일부러 계기를 만들어 노력하기보다 물 흐르듯 인연이 닿아 만들어지는 느낌이었다. 삶의 모습과 작업 모두 억지로 짜 맞추는 것 없이 자연스러워 보였다. 사람들이 선미 님이 만드신 작품들에 애정을 갖는 것도 그런 평화로움이 담겨 있어서가 아닐까.

선미 님의 작품 중에 모빌을 좋아하시는 분들이 많은데 모빌은 주문 제작으로 만드시더라고요. 기억에 남는 작품이 있을까요?

　주문을 받은 것은 아닌데 치앙마이 한 달 살기에서 돌아와 만든 스케이트 타는 해녀 모빌이 생각나네요. 그때가 겨울이었는데 따뜻한 곳에 있다가 제주에 돌아오니 엄청 춥게 느껴졌어요. '이런 날에는 한라산 백록담도 얼었겠다.' 시작된 생각이 백록담에서 스케이트 타는 해녀로 이어져 모빌로 만들었어요. 머릿속에 있는 생각이 현실로 구현되는 게 눈에 보이니까 만들면서두 신기하고 흥이 나더라고요. 만드는 과정도 즐거웠고 완성된 모빌도 만족스러워서 기억에 남아요.

선미 님이 '해녀가 꿈을 이루게 해 줄 거야.'라고 쓰신 글을 봤어요. 내가 꿈꾸던 무언가를 현실로 만들어 냈다는 뜻인지 궁금해요.

여행을 가면 기념품으로 여행지의 매력이 담겨 있는 엽서나 자석, 랜드마크가 들어 있는 워터볼을 구입하곤 해요. 여행에서 돌아와 기념품을 꺼내 보면 다시 여행하는 기분이 들어서 행복해지거든요. 예전에 여행자로 제주에 왔을 때, 제주 자체는 아름다웠지만 간직하고 싶은 기념품은 없었어요. 어디를 가든 볼 수 있는 돌하르방과 감귤초콜릿이 제게는 매력적으로 다가오지 않아서, 누군가 예쁘고 다양한 기념품을 만들어 주면 좋겠다고 생각했어요.

그러던 어느 날, 재미 삼아 그린 해녀와 산호를 오려서 실을 연결해 모빌을 만들었어요. 천장에 달아 둔 해녀가 바람에 빙그르르 도는 모습이 반짝이는 바닷속을 유영하는 것처럼 느껴져 예쁘게 보이더라고요. '내가 모빌을 제작해 볼까.'라는 마음이 들었고 스스로 깜짝 놀랐어요. 지금까지 누가 만들어 주기만을 바랐지 제가 직접 만들어 볼 생각은 하지 못했거든요. 생각의 전환점이 됐다고 해야 할까. 해녀 모빌을 통해 꿈꾸던 무언가를 현실로 이루는 경험이 삶의 태도가 조금은 바뀌었던 계기가 됐어요. 제주에 오기 전에는 직장 생활하면서 뭔가 하고 싶지만, 막상 뭘 어떻게 해야 할지 몰랐어요. 그런데 제주에 와서 뭔가를 딱 찾은 것 같은 느낌이 들어요.

집에서 일하는 다양한 지역의 작가들을 만나기 위해 작가 리스트를 만들기 시작했을 때 내 마음속의 제주지역 작가 1순위는 선미 님이었다. 지인들에게 제주에 사는 작가들을 추천 받았을 때도 신기하게도 공통적으로 선미 님의 이름이 들어 있었다. '이 섬에 재택근무를 하는 예술가들이 많을 텐데 많은 사람들이 선미 님을 궁금해하는 이유가 뭘까.' 인터뷰를 이어가며 조금씩 그 답을 알 것 같았다. 아마도 선미 님에게 제주는 익숙하게 자라온 곳이 아니라 나에게 잘 맞는 곳을 찾아 일부러 떠나온 곳이기 때문이 아닐까. 지역과 사람의 궁합이 있다면 선미 님과 제주는 찰떡인 거다.

집에서 제일 좋아하는 공간은 어딜까요?
　가장 좋아하는 공간은 작업실 중에서도 여기 책상인데 사실 정원에서 멍때리고 있는 걸 제일 좋아해요. 요즘은 바빠서 멍때리는 시간도 없지만 검질 하면서 위로를 많이 받아요. (검질은 제주 방언으로 잡초나 풀 뽑기를 의미한다) 밭이 깨끗해지면 마음도 차분해져요.

선미 님의 집은 정원을 사이에 두고 본집과 작업실 두 채가 있었다. 인터뷰는 작업실에서 이루어졌고, 그 이후에는 본집으로 넘어가 오프 더 레코드로 이야기를 이어 갔는데 두 공간 모두 반듯하고 정직한 인상이었다. 특히나 작업실은 겸손한 그녀를 닮아 소박하면서도 아름다웠다.
우리의 대화가 모두 끝나고 자수를 놓는 선미 님 옆에 앉아 나도 잠시 글을 쓰는 상상을 했다. 다른 사람의 작업실이 부러운 적은 있었지만 나란히 앉아 일을 하고 싶다는 생각이 든 건 처음이었다. 여기라면 나도 아주 따뜻한 글을 쓸 수 있을 것 같다.

일과 일상의 균형은 어떻게 유지하세요? 민박 청소만 해도 꽤 긴 시간이 걸리는 일이잖아요. 게다가 손으로 만드는 것들이 많고, 육아도 하시고 정원도 가꿔야 하니 하루가 바쁘실 것 같아요.

 못 잡아요. (웃음) 작업하려고 하면 집안일하고 있어요. 그래서 하다가 안 되면 일단 멈춰요. 정원에 나가서 검질 하거나 카페에 다녀와요. 가끔 카페에 가서 놀다 보면 마음이 풀리더라고요. 어떻게든 되겠지. 제가 천성적으로 깊게 고민하거나 그러지 않는 것 같아요. 우유부단한 것도 있고, 이게 안 되면 저것을 할 수도 있는 거고, 오늘 아니면 내일 해도 되고. 저는 괜찮은데 옆에 있는 사람이 그걸 힘들어하더라고요. 계획대로 뭔가 딱딱 진행이 안 되니까.

 대신 아침에 일찍 일어나는 사람이 됐어요. 아무래도 민박집 일로 생계를 이어가다 보니 민박집을 중심으로 생활이 돌아가요. 청소만 끝나면 시간을 자유롭게 활용할 수 있어서 그 후에 모빌을 만든다거나 집안일을 하지요.

집 밖에 좋아하는 곳이 있을까요? 좋아하는 산책 코스라든가 제주에 좋아하는 곳이 있다면 알려 주세요.

　제주는 그냥 동네만 산책해도 좋은데요. 자주 가는 곳은 비자림이에요. 도민은 무료거든요. 날씨나 계절, 시간 상관없이 어느 때 가도 좋아요. 지금처럼 관광객이 많지 않고, 늦은 시간 출입 금지 표지판이 세워지기 전까진 아무도 없는 새벽에 홀로 비자림 걷는 것을 좋아했어요. 운이 좋으면 노루를 만나기도 하고요.

예전에 작업실을 갖고 계셨던 것 같아요. 지금은 정리하신 거죠?

　처음에 작업실을 열 때는 작은 매대를 만들어서 물건도 팔고 작업도 하려고 했는데요, 지인들이 놀러 오면서 작업은 안 하고 계속 수다만 떨게 되더라고요. 그래서 정리했어요. 마침 계약기간도 끝났고요.

어떤 것에 대해 질문을 던지면 선미 님은 무척이나 쑥스러운 듯, 그리고 별일 아니라는 듯 짧게 대답했다. 한겨울의 만남이었음에도 땀이 송골송골 맺히던 선미 님의 콧잔등이 잊히지 않는다. 그럼에도 꾸미지 않은 담백한 대답이 좋았다. 비장한 솔직함이 아니라 '나는 그냥 이렇게 살고 있어.'라는 식의 가볍고 편안한 솔직함. 선미 님은 아마도 말보다 손끝으로 더 많은 것을 전하는 사람이리라.

산호가 영감을 주는 존재라고 이야기하신 걸 들었어요. 산호는 집에서 일 하는 엄마를 어떻게 생각할지 궁금하네요.

딸아이가 그린 그림으로 인형을 만들어 주고, 고무줄 치마나 낮잠 이불도 만들고, 아이가 어렸을 때부터 항상 꼼지락거리고 있으니 엄마가 무언가 만드는 걸 당연하게 생각해요. 작업실에는 나중에 쓸모가 있지 않을까 해서 모아 둔 잡동사니가 많아요. 원단이랑 단추, 비즈, 솜 같은 부자재부터 산책하며 주어 온 나뭇가지나 돌, 조개껍질 같은 것까지요. 제가 작업하고 있으면 딸아이가 보물찾기 하듯 서랍 여기저기를 뒤져 찾아낸 재료로 눈사람도 만들고 조개 목걸이도 만들면서 같이 시간을 보내요. 제가 바느질을 하고 있으면 재미있어 보이는지 자기도 바늘에 실을 꿰어 달라고 하기도 하고요.

최종적으로 선미 님의 꿈이 궁금하네요.

병원 신세 지지 않고 낮잠 자듯 죽음을 맞이하는 게 이루고 싶은 가장 큰 꿈이고요. 그림책을 만들고 싶어요. 딸아이를 가졌을 때 꾼 꿈이 있는데 어딘가에서 꽃잎 하나가 날아왔어요. 꽃잎을 따라 밖으로 나갔더니 커다란 복숭아나무가 한 그루 서 있었고 바람에 날리는 꽃잎을 제가 두 손으로 치마를 들어 받는 꿈이었어요. 고개를 숙여 본 치마에는 꽃잎 대신 복숭아가 있었는데 그래서 아이 태명도 복숭아로 지었어요. 그 꿈을 언젠가 그림책으로 만들어 보고 싶어요.

보통은 인터뷰와 사진 촬영을 같은 날 하는데, 제법 쌀쌀한 날씨에 인터뷰를 먼저 끝내고, 파릇한 정원 풍경을 담기 위해 유우 작가님은 몇 개월 뒤 제주에 다녀오셨다. 유우 님이 보내 주신 사진 마지막 컷에는 헤어지기 전 마당에서 손을 흔들고 계신 선미 님이 있었다. 인터뷰를 하러 갔었던 그날도 마당 밖에까지 나와 손을 흔들어 주시던 익숙한 모습이었다. 우리가 방문해서 담아 온 두 번의 말과 사진에 그녀의 정겨운 세계가 잘 전해지길 바란다.

'내가 모빌을 제작해 볼까.'라는
마음이 들었고
스스로 깜짝 놀랐어요.

지금까지
누가 만들어 주기만을 바랐지
제가 직접 만들어 볼 생각은
하지 못했거든요.

생각의 전환점이 됐다고 해야 할까.

해녀 모빌을 통해
꿈꾸던 무언가를
현실로 이루는 경험으로
삶의 태도가 조금은
바뀌었던 계기가 됐어요.

제주에 오기 전에는
직장 생활하면서
뭔가 하고 싶지만,
막상 뭘 어떻게
해야 할지 몰랐어요.
그런데 제주에 와서
뭔가를 딱 찾은 것 같은
느낌이 들어요.

집이 좋아서
아이가
좋아서

어린이
영어 문화원

최은정

두 딸을 키우며
영어 그림책과 예술을 사랑하는
집에서 일하는 엄마.

처음 '어린이 영어 문화원'을 시작하시게 된 이야기가 궁금해요. 그림책으로 하는 수업이나 작가 탐구 등 일반적인 영어 공부방이나 학원과는 다르다는 생각을 했어요. 영어 문화원이라는 이름처럼 영어와 문화 예술을 함께 배우는 느낌이더라고요.

처음에는 첫째 아이와 함께하던 영어책 놀이가 시작이었는데 내가 정말 원하고 좋아하는 것과 아이들을 위한 걸 다 하고 싶었어요. 학원에 가서도 할 수 있는 걸 굳이 하고 싶지는 않았거든요. 영어 문화원은 책을 읽고, 생각을 많이 하고, 짧은 단어라도 자기만의 언어로 자기 얘기를 할 수 있는 환경을 만들어 줘요. 영어는 평생 가지고 가는 거잖아요. 그래서 어렸을 때 뭐든지 재미있는 기억, 할 수 있다는 자신감이 필요하거든요. 책을 읽고 진짜 주인공이 되기도 하고, 클래식 음악을 듣기도 하고, 움직이기도 하면서 오감을 사용해서 책을 느끼고 발화하는 거예요. 단순히 방방 뛰는 재미가 아니라 소규모 인원으로 각자의 기질에 맞춰 성취감을 얻을 수 있도록 하는 거지요.

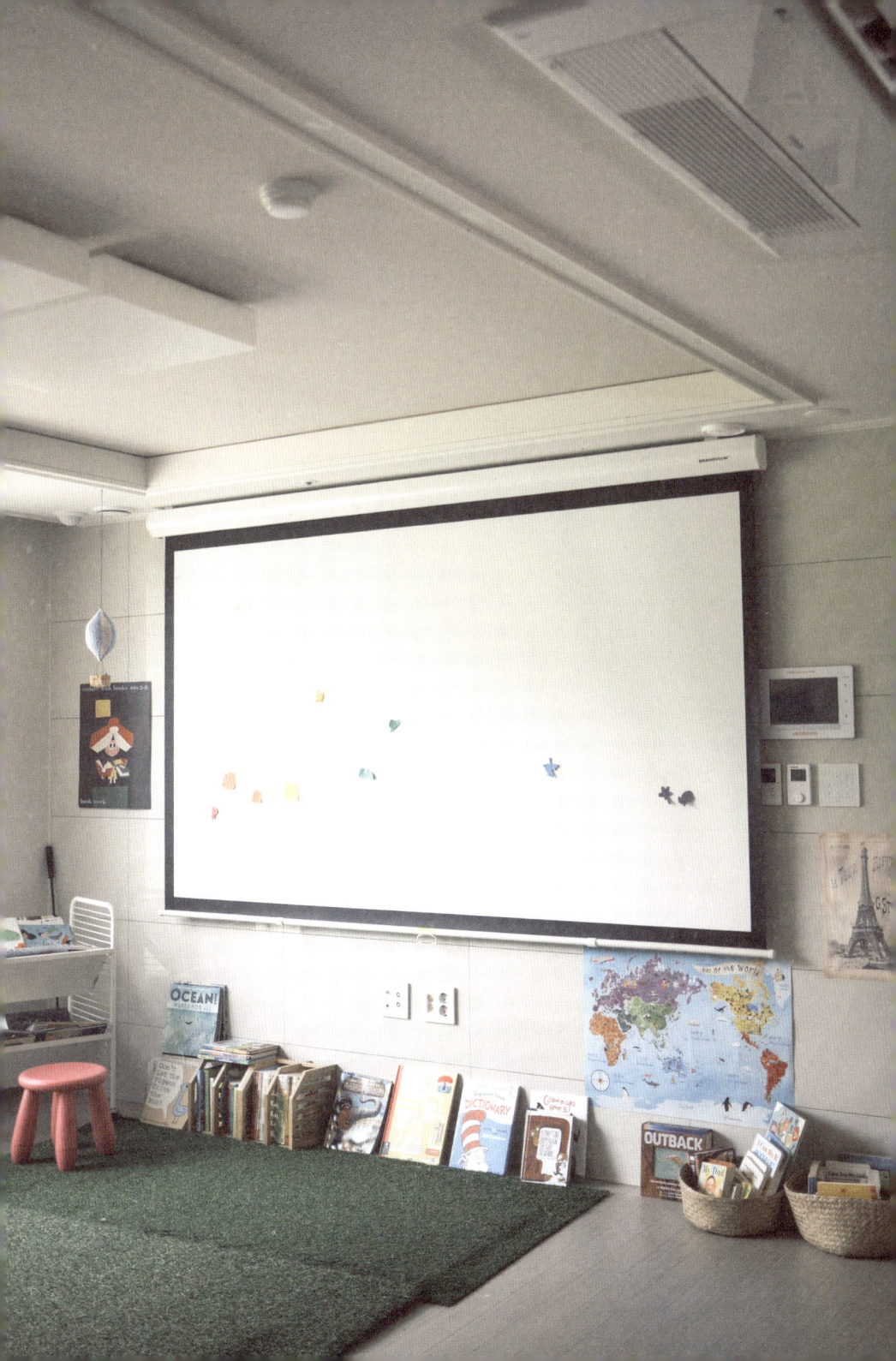

아이와 어른들을 위한 다양한 커리큘럼이 있던데 어떤 수업을 하시는지 소개해 주세요.

우선 영어 그림책과 원서로 수업하는 '정규반'이 있어요. 평일 정규반 수업을 들을 수 없는 아이들을 위해 '토요 원데이 클래스'를 하게 되었고요. 첫째 아이가 커 가면서 좋아하는 작가가 생기고 그 작가의 책을 찾아 읽더라고요. 거기에서 영감을 얻어 '토요 작가 탐구 수업'이 시작되었고, 영어 교육에 관심 있는 분들을 위해서 '엄마 세미나'가 만들어졌어요. 그런데 멀리서 오시는 분들이 생기다 보니 온라인으로 받아 볼 수 있는 '영어 그림책 에세이 레터'도 나왔지요. 아이와 엄마에게 필요한 것들을 맞춰서 만들다 보니 가지를 뻗어 나가게 되었어요.

몇 해 전, 평소 은정 님의 영어 문화원이 궁금해서 팔로우하고 있던 차에 엄마들을 위한 세미나에 참석했었다. 집에서 아이와 읽기 좋은 영어 그림책을 소개하고 활용할 수 있는 방법을 배우는 수업이었는데 그 노하우가 궁금해서 한겨울에 아기띠를 하고 청주에서 광교까지 버스를 갈아타며 왔던 기억이 난다. 아직 둘째가 어려서 참석하신 분들께 양해를 구하고 기저귀 갈고 젖 먹여 가며 세미나를 들어야 했는데, 그게 가능했던 건 역시 집이라는 공간의 특성 덕분이었다. 어린아이를 키우는 엄마에게 배움의 공간이 신발을 벗고 아기를 눕힐 수 있는 포근한 집이라는 건 행운이었다.

영어를 그림책을 통해 문화를 배운다는 방식이 좋더라고요. '토요 원데이 클래스'는 클래식과 함께 진행된다는 것도 흥미롭고요.

'토요 원데이 클래스'는 클래식 음악과 함께하는 영어 그림책 수업인데 6월에는 피크닉을 주제로 했어요. 존 버닝 햄의 『Picnic』이라는 책을 읽고 책 내용처럼 도시락을 싸서 나가는 거지요. 클레이로 도시락을 만들어 나가서 펼쳐 놓고 놀았어요. 음악은 책과 어울리는 목가적인 느낌의 엘가를 수업 내내 들었는데 밖에 나갔다 들어와서는 모두 누워 쉬면서 음악만 두 번, 세 번 반복해서 들어요. 음악을 들으며 악기 소리가 나올 때 하프와 첼로에 대한 이야기도 해 주고요. 엘가와 존 버닝 햄이 다 영국 출신이거든요. 자연스럽게 영국에 대한 이야기도 나누는 거지요. 끝에는 제가 기본적인 가이드만 주고 아이들이 그림과 단어, 문장으로 그날 수업에 대해 스스로 페이퍼에 정리하며 마무리해요. 그렇게 수업이 끝나는데 저도 좋았고 아이들도 너무 재미있어했어요. 정답은 없어요. 자기만의 느낌과 생각을 나누는 거지요.

존 버닝햄의 작품들은 책 마지막에 모두 품어 주면서 끝나요. 피크닉을 가서 만난 동물이 있는데 '우리 집에서 하루 자고 가.'라고 초대한다거나, 애들이 배에서 놀다 '옷이 다 젖으면 우리 집에서 티타임 하고 가.'라면서 모이지요. 그래서 제가 무척 좋아하는 작가예요.

인터뷰를 하면서 영어 문화원에서 궁극적으로 아이들에게 경험시키려고 하는 것은 문화라는 걸 확실히 알 수 있었다. 흥미를 느끼게 하기 위한 도구나, 잘 팔기 위해 기술로 예술을 끌어다 쓰는 것과는 분명 달랐다. 반면에 간혹 이곳의 콘셉트만 가져다 비슷한 수업을 특강으로 끼어 넣는 대형 학원들과 스튜디오가 있다는 얘기에 안타까웠다. 배움을 구하는 입장에서도 진정성을 판단할 줄 아는 눈이 필요한 시대다.

영어 문화원을 학원이 아닌 집에서 하신 계기가 있을까요? 운영하시면서 학원처럼 집 밖의 공간을 생각해 보신 적은 없는지 궁금해요. 특히 코로나 시대에는 타격이 컸을 것 같고요.

아이들이 4살, 6살 때 시작했기 때문에 다른 선택권이 없었어요. 둘째의 경우 늦게까지 있어야 하는 유치원 종일반은 싫다고 했고요. 제가 안정적으로 아이들을 돌보고 일할 수 있는 곳은 집이었어요. 그때쯤 오래 정착할 집을 찾고 있어서 타이밍이 잘 맞았지요. 이 집에 오면서 남편도 나름 공간에 대한 로망이 있었단 말이에요. 편하게 누울 수 있는 커다란 소파와 TV. 그거 딱 두 개만 있으면 된다고 했는데 제가 수업을 하고 싶다는 게 진심이라는 걸 알고 소파와 TV를 포기해 줬어요.

(웃음) 일반적으로 공부방을 한다고 하면 보통 방 하나를 활용해야 하는데 제가 하고자 하는 수업은 앉아서만 하는 수업이 아니고 자유롭게 움직여야 하니까 남편과 아이들이 거실을 내어 준 거지요.

지금은 만족하고 있지만 집에서 나가야 하나 고민도 해요. 집에 책이 점점 많아지고, 아이들이 크면서 집에 친구도 데려오고 싶고, 남편도 자기만의 공간을 바라니까요. 언젠가 온전히 나만의 취향을 담은 스튜디오를 열 생각도 있어요.

코로나가 터지고 나서는 수업이 취소되고 당연하게 키트를 원하는 분들도 계셨는데 그러면서 영어 문화원의 방향에 대한 고민을 많이 했어요. 이 위기를 키트로 뚫어야 하나 고민했지만 제가 정말 하고 싶은 건 아니더라고요. 아이들을 가르치는 건 영어 문화원의 여러 가지 중 하나

거든요. 그래서 수업만 확장시켜 나가지는 않을 거예요. 집 밖으로 나간다고 해도 영어와 문화가 합쳐진 스튜디오이지 영어학원의 개념은 아니에요. 영어 문화원에서만 느낄 수 있는 경험들에 대한 고민이 오히려 그때 확고해졌던 것 같아요. 요즘은 저 자신을 채우기 위해 '미술책 북클럽'과 '음악책 북클럽'에 참여하고 있어요. 내 안에 영어 이외에 것들을 채워가는 시간을 코로나 덕분에 갖게 되더라고요. 예술 분야로 넓혀 가고 있는 이 모임에서 무척 힘을 얻고 있지요. 저 혼자서 모든 걸 다 케어하다 보니까 사실 여유가 조금 없어요. 그런데 어른들과 영어와 미술, 음악에 대해 이야기를 나누는 게 저한테는 무척 힐링이에요. 밖으로 나가는 건 언젠가 때가 올 것 같은데 서두를 건 없다고 생각해요. 급하게 생각하지 않고 있어요.

첫 수업부터 두 딸과 함께했다고 알고 있어요. 단순히 엄마의 일을 지켜보는 입장이 아니라 함께 배우는 관계가 되는 거잖아요. 수업이 없을 때는 방 안에 들어가 있어야 하기도 하고. 아이들이 불편해하지는 않았나요?

처음부터 욕심내지 않았어요. 아이들 스케줄도 철저하게 계획했지요. 아이가 유치원에 다닐 때는 한 타임만 수업해서 같이했고, 두 타임일 때는 방에 들어가서 그림을 그리거나 자기 할 거 하면서 놀았어요. 가끔 문 열고 들어가 보면 혼자 뒹굴뒹굴 거리기도 하고 쉬고 있어요. 그런데 저는 그 시간도 필요하다고 생각해요. 아이들이 엄마가 수업하는 동안 방에서 잘 노는 게 아이들의 기본 성향도 조금 도움이 됐지만 계획이 중요해요. 너무 많은 시간 혼자 있지 않게 학교 다녀와서 숙제하는 습관을 계속 연습시키고 학원까지 미리 조율해 놨지요.

특히 첫째 같은 경우에는 엄마가 또래 아이들을 가르치는 걸 무척 좋아했어요. 첫째가 1학년 때 학교에 간 지 2,3일 만에 반 엄마들이 제가 하는 일을 다 알더라고요. 또래 아이들이 집에 오고, 또 엄마가 그 아이들에게 영어를 가르치는 것에 자부심을 갖고 있어요. 6살 때 엄마가

멋있어 보이고 좋다고 얘기하더라고요. 이제는 아이들이 조금 커서 엄마가 일하면 자기들의 작업 시간이자 자유 시간이라는 걸 알아서 더 좋아하는 것도 있고요. (웃음)

인터뷰가 끝나고 아이들이 날 방으로 초대해 줬다. 자기들이 만들어 놓은 귀여운 아지트를 구경시켜 줬는데 거실에서 수업하는 동안 방에 있어야 하는데 불편하지 않냐 은정 님과 똑같은 질문을 했더니 "나가서 일하는 엄마는 늦게 들어와서 집에서 일하는 엄마가 좋다."고 작지만 분명한 대답이 돌아왔다. 온 가족이 합의된 방향으로 같은 쪽을 바라보고 있는 느낌이었다.

공간이나 시간을 잘 활용하면서 생활의 공간인 집과 일터로서의 집을 무척 현명하게 이어 가고 계신다는 생각이 들어요. 어떻게 하면 그 균형을 맞출 수 있을까요?

욕심내지 않으면 돼요. 아이가 어릴 때는 딱 한 타임만 하고 수업을 늘리지 않았거든요. 아이들이 어릴 때는 일보다 아이들에게 더 포커스를 둘 수밖에 없어요. 그러다 아이들이 크면서 조금씩 일에 대한 비율을 늘려 가는 거죠. 아직은 제가 두 아이의 학습적인 면을 봐주고 있지만 언젠가는 아이들이 학원에 갈 수도 있고, 제 손을 조금 더 떠나게 되면 그때는 일을 더 많이 늘릴 수도 있고, 정말 스튜디오를 내서 나갈 수도 있을 거예요.

코로나가 터졌을 때도 집에서 수업하는 다른 선생님들은 어떡하냐고 걱정하셨는데 저 같은 경우에는 이럴 때 수업 준비하면서 애들이랑 더 시간을 보내면 되겠구나 생각했어요. 솔직하게 초반에는 영어 문화원을 브랜드로 만들어서 키워야지 욕심도 났어요. 협업이 들어오는 것도 열심히 하고 이걸 알리려고 많이 노력했는데 그렇게 하고 나면 제가 스트레스를 많이 받고 아이들한테도 좀더 짜증 내게 되더라고요. 그러다 영어 문화원 방학 때 아이들이랑 계곡에 앉아 있는데 그게 그냥 좋았어요. 내가 일적으로 잘하고 싶은 욕심이 많지만 지금은 애들하고 이렇게 보내는 시간도 좋구나. 그러니까 애들을 위해서 집에서 일을 하는 게 아니고 내가 애들하고 함께 있는 게 좋아서 집에 있는 거구나. 그때부터 규칙을 정했어요. 밖에서 일은 1년에 한두 개 정도만 하고 집에서 일하는 것에 더 포커스를 두기로. 그런데 자연스럽게 사람들이 알아주시더라고요.

자기만의 속도로 해 나가는 게 참 쉽지 않은 일이잖아요. 집에서 하는 일이니 밖으로 더 많이 노출되기 위해 노력하고 빨리 유명해지길 바라는 마음도 생기고요. 서두르지 않고 은정 님만의 페이스를 유지하는 방법이 있을까요?

집에서 혼자 하는 거니까 마음 다스릴 일이 되게 많아요. '누구는 나하고 똑같이 시작했는데 벌써 스튜디오를 냈어.' 이런 거 있잖아요. 그런데 아까 말씀드린 대로 저는 집에서 일하는 엄마로 마음을 굳혔기 때문에 방향이 흔들리면 모든 생활이 흔들려요. 그럴 때면 SNS를 잠시 쉬거나 북클럽을 통한 배움에 집중해요. 그렇게 계속 컨트롤을 해야 돼요. 만약 제가 스튜디오를 나갔어도 그 고민은 계속일 거예

요. 그러니까 무리하면 안 돼요. 제가 이 일을 딱 마흔 살에 시작했는데, 나는 이 일을 즐기면서 오래할 거니까. 조금씩 조금씩 조절하는 거예요. 조절은 하되 놓지는 말고 끝까지. 무리하지 말고 급하게 가지 말아야 한다고 생각해요.

여가 시간은 어떻게 보내시는지 궁금해요. 집 밖에서의 즐거움 같은 게 있으실까요?

여행과 캠핑을 자주 가는 편이에요. 주변에서는 되게 신기해해요. 집에서 일하면서 아이들과 같이 지내고 나가서 또 가족과 함께 캠핑을 다니거나 여행하는 것에 대해서요. 저희는 각자 역할 분담을 잘한다고 할까요? 작은 부분들을 돕고 있어요. 남편은 제가 집에서 일한다고 했을 때 제가 원하지도 않았는데 식기세척기를 샀어요. 제가 효율적으로 일하려면 필요하다고 생각했대요. 집안일을 도울 사람을 써도 된다고 했지만 그건 제가 거절했고요. 집에서도 제가 수업이 다 끝났으니 조금 쉬겠다고 하면 아이들과도 잘 있어요. 대신 저도 애들과 뭘 하고 있는지는 터치하지 않지요.

저는 온 오프가 확실해요. 일이 끝나면 작은방에 들어가서 넷플릭스를 본다거나

카페에서 책을 읽으면서 충전해요. 일할 때 말처럼 앞만 보고 달리는 스타일은 아니에요. 그런 점은 저희 남편도 그렇고요. 그래서 서로가 일을 즐기면서 하길 바라고 있지요.

오래 살 집으로 여길 오셨다고 했지만 혹시 집에 더 바라는 점이 있을까요?

테라스가 조금 욕심이 났어요. 바로 앞에 공용 잔디밭이 있지만 개인적으로만 쓸 수 있는 공간은 아니니까 야외 수업을 겸할 수 있는 마당이나 잔디가 있는 공간이 있다면 어땠을까. 처음에는 단독 주택을 꿈꾸기도 했는데 남편이 우리 둘 다 게을러서 안 될 거라고 나이 들어서 가자고 하더라고요. 저는 집보다 동네가 중요했는데 여기가 자연에 둘러쌓여 있어서 좋았어요. 산속에 공원과 하천까지 잠깐 산책하기 너무 좋아요. 그런데 10분만 건너 광교에 가면 또 완전히 도시라서 조용하면서 편의 시설은 다 되어있거든요. 만족해요.

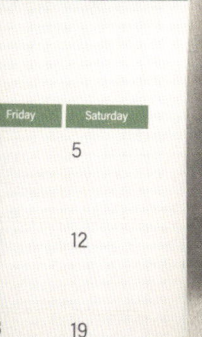

JACK!

REX!

LADY!

은정 님의 마지막 답변을 듣고 나니 은정 님은 남편과 아이 둘까지 온 가족이 서로에게 잘 맞는 일과 집, 동네를 찾았다는 생각이 들었다. 은정 님의 집에서는 어느 한 사람만의 만족을 위해 누군가 앞에서 끌고 뒤에서 밀어주는 희생이 없었다. 서로가 만족하고 행복을 느낄 수 있는 선에서 배려하는 모습이었다.

끝으로 아이가 어려서 일을 시작하지 못하고 있는 사람이나, 집에서 어떤 일을 해야 할지 막연한 분들께 도움이 될 만한 조언이 있을까요?

제가 '에세이 레터'를 시작하게 된 이유기도 한데 저한테 '엄마가 집에서 하는 창업'에 대한 걸 알려 달라고 물어보시는 분들이 계셨어요. 창업 말고도 아이들 영어 학습적인 부분에 대해 궁금해하시는 분들도 있었고요. 그래서 제가 공개적으로 쓰기 힘든 것들을 원하시는 분들께 메일로 보내 드리기 시작했어요.

아이가 초등학교 2,3학년쯤 되면 주변에 엄마들이 이제 나도 슬슬 일을 해 볼까 많이들 얘기하세요. 그런데 아주 오래전부터 자기 관심사를 취미로 즐기거나 공부하던 사람이 아니고서야 갑자기 뭘 해야 할지 막연하기 마련이거든요. 그래서 꼭 말씀드리고 싶은 게 아주 조금씩, 그러니까 아이들이 어렸을 때 같이 시작하셨으면 좋겠어요. 애들이 어릴 때 할 수 있는 일이 있어요. 지금은 아이도 너무 어린데 너무 빠르지 않을까 걱정하지 말고 오히려 빨리 시작하셨으면 좋겠어요. 애들이 좀 큰 다음에 제대로 해야겠다고 생각하는 게 아니라 어릴 때부터 할 수 있는 것들을 찾아서 하는 거지요. 나중에 일을 하려고 해도 그 씨앗이 없으면 진짜 막막하더라고요. 저도 처음에는 수업 딱 하나로 시작했잖아요. 제대로 갖춰서 크게 하려고 했다면 저도 시작 못했을 거예요.

그리고 기록하셨으면 좋겠어요. 저도 일을 하고자 했을 때 가장 먼저 들었던 말이 기록하라는 얘기였어요. 그때부터 10년이 넘었는데 그때의 사소한 기록이 또 다른 일이 돼서 굴러가더라고요. 일을 하고 싶다는 생각이 든다면 당장 일을 크게 벌이지는 않더라도 지금 내가 뭘 할 수 있을까 고민해 보세요. 그게 기록이 될 수도 있고, 취미가 될 수도 있고, 조금씩 배워가는 것일 수도 있고요. 그렇게 일과 연관 지어서 끊이지 않고 키워 가는 거예요.

아이와 함께 집에서 일하는 사람들의 고충이 느껴져서인지, 혼자서 일하는 사람으로 내가 걸어가야 할 길을 통과한 선배가 하는 말이어서 그런지 울컥하는 부분이 있었다. 뒤따라 오는 사람들이 시행착오를 겪지 않게, 몇 년을 허무하게 흘려보내지 않길 바라는 은정 님의 진심이 느껴졌다.

애들이 어릴 때
할 수 있는 일이 있어요.

지금은 아이도 너무 어린데
너무 빠르지 않을까
걱정하지 말고
오히려 빨리
시작하셨으면 좋겠어요.

애들이 좀 큰 다음에
제대로 해야겠다고
생각하는 게 아니라
어릴 때부터
할 수 있는 것들을
찾아서 하는 거지요.

나는 이 일을
즐기면서 오래할 거니까.

조금씩 조금씩
조절하는 거예요.

조절은 하되
놓지는 말고 끝까지.

무리하지 말고
급하게 가지 말아야 한다고
생각해요.

예측할 수
없는
내일을 함께

좋은여름

하정

정다운 것에 머무는 긴 시선과
멀리까지 보내고 싶은 작은 이야기를 수집하여
책으로 엮는 일을 합니다.
'장래희망은, 장수 고양이'인 잘생긴 동동과 삽니다.

책을 만들기 전에는 그림을 그리셨잖아요. 그때는 어떠셨나요? 두 가지 일의 온도차가 있을 것 같아요.

디지털 그림이 아니라 손 그림을 그리다 보니 프로젝트가 하나 끝나면 종이가 수북이 쌓여 있고 집이 좀더 지저분해져요. 머릿속에 어떤 세상을 창조해야 돼서 누가 보기에는 노는 것 같아 보이는 시간들이 많고요. 집중해서 몇 시간 만에 딱 끝나기도 하지만요. 그림은 의뢰가 들어오면 의뢰인과 대화를 많이 하는 편이에요. 내 감상에 빠져 예술을 펼치는 것보다 의뢰인의 의도를 구현해 주고 싶어서 전화나 이메일보다 직접 만나 회의하는 것을 선호하는 편이에요. 반면에 책 작업은 고독하죠. 입 딱 닫고 혼자 책상에서 하는 작업이니까. 굉장히 집중은 되지만 외롭기도 해요. 그림은 의뢰인이 최종 결정을 하지만, 책은 제가 최종책임자의 입장이죠. 교정 교열이나 사진을 담당하는 친구들과 수시로 논의하지만, 결국엔 홀로 선 느낌이 있어요. 내가 모든 책임을 져야 한다는 매력과 고통, 그 차이가 가장 분명한 것 같아요.

하정 님의 하루 일과는 어떻게 되나요? 프리랜서로 꽤 오래 지내 오셨잖아요. 평소 모습이 궁금해요.

저는 보통 오후에 일을 시작해요. 오전에는 저희 집 고양이 동동이랑 놀거나 쉬는 편이에요. 고양이가 잠이 많잖아요. 그래서 둘이 껴안고 있는 시간이 대체로 오전 시간이더라고요. 따뜻한 햇볕 아래 이불 안에서 고양이와 게으름 피우며 오전을 꽉 채워요. 일을 하려면 오전의 기운을 좀 받아야 되는 것 같아요.

북아일랜드의 장애인 공동체 '캠프힐'이란 곳에 체류한 적이 있는데요. 그때 오전에는 집 안에서 요리나 청소 같은 가사를 하고 오후부터 베이커리에 출근해서 빵을 구었어요. 신선한 햇볕이 들어오는 오전에 집을 보살피는 그때의 감각이 참 좋더라고요. 캠프힐에서 한국으로 돌아온 직후 프리랜서 생활을 시작한 건데, 타이밍 좋게 캠프힐의 방식을 적용할 수 있었던 거죠.

보통 늦은 아침이나 점심을 먹은 후에 슬슬 업무를 시작하는데, 일이 몰리면 새벽까지 할 때도 있어요. 가능하면 12시 전에 자려고 하는데, 직장인처럼 근무시간이 정해져 있지 않으니 쉬는 중에라도 아이디어가 떠오르면 책상 앞으로 가게 돼요. 반대로 아무 진척도 없이 멍하니 하루를 보내기도 해요.

식사는 아주 불규칙해요. 한창 일의 속도가 붙었을 때 딱 자리를 털고 일어나기가 쉽지 않아서 식사 시간을 아예 잊어버리는 거죠. 스스로 해결하기 가장 어려운 문제가 아닐까 해요. 누가 강제로 식사 시간을 정해 주었으면 좋겠어요. 무라카미 하루키처럼 하루에 정해진 시간에, 정해진 분량의 일을 하는 분들도 계실 텐데 저는 그게 잘 안되어서 일과 일상의 경계가 모호해요. 식사 시간 지키기나 업무량 정량화하기를 몇 번 시도했는데 매번 실패했습니다.

혼자 살던 집에 동동이가 오게 되면서 많은 변화가 생기셨을 것 같아요.

고양이는 집사가 집중하고 있는 것에 보란 듯이 앉는 습성이 있어요. 수건을 빨아 곱게 개 놓으면 수건 위에, 빗자루로 먼지를 쓸어 모으면 먼지 위에 앉지요. 일을 하면 원고 위나 키보드 위, 모니터 앞에 앉아요. 동동이가 우리 집에 오기 전에는 일하다 집중력이 떨어지면 잠깐 인터넷 서핑을 한다든가 냉장고를 뒤적거린다든가 했는데 이제는 동동이와 놀아요. '동동이 어디 있나~~~' 하고 찾아다니죠. 그리고 일을 하다가 문득 시선을 옮겼는데 거기에 그 아름다운 존재(동동이)가 앉아 있을 때가 있어요. 그러면 기분이 싹 환기되고 자연스럽게 엄마 미소를 짓게 돼요. 옛날부터 집 안에 미술작품이나 꽃처럼 아름다운 오브젝트를 두는 게 이런 이유였구나 싶더라고요.

　예전에 취미 드로잉 클래스를 집에서 했었거든요. 수강생들도 고양이를 무척 좋아해 주셨어요. 수강신청란에 '클래스 가면 고양이 볼 수 있나요?'라고 묻는 분도 계셨죠. 수강생들이 테이블에 둘러앉아 그림을 그리고 있으면 동동이는 어김없이 테이블에 올라왔는데 같이 놀기도 했어요. 한 손으로는 그림을 그리고 한 손으로는 동동이를 쓰다듬으며 그림을 그리기도 하고요. 동동이가 온 후로 분위기가 더 화기애애해졌어요. 200% 도움이 됐지 방해가 된 적은 없어요.

　없을 때와 비교하자면, 가끔 피폐하게 살고 싶은 때 있잖아요. 자기를 파괴하고 싶은 그런 날? (웃음) 아무것도 하고 싶지 않거나 무기력에 그저 빠져 있고 싶은데 동동이를 보면 그렇게 할 수 없어요. '아무리 힘들어도 벌떡 일어나 씻고 할 일을 해야지! 내가 동동이 누난데, 이렇게 살면 안 되지!'라는 일종의 사명감 같은 게 생긴 거예요. 저는 고등학교를 졸업하고 바로 가족과 떨어져 혼자 살았던지라 집은 저만의 왕국이었어요. 늘 내키는 대로 살

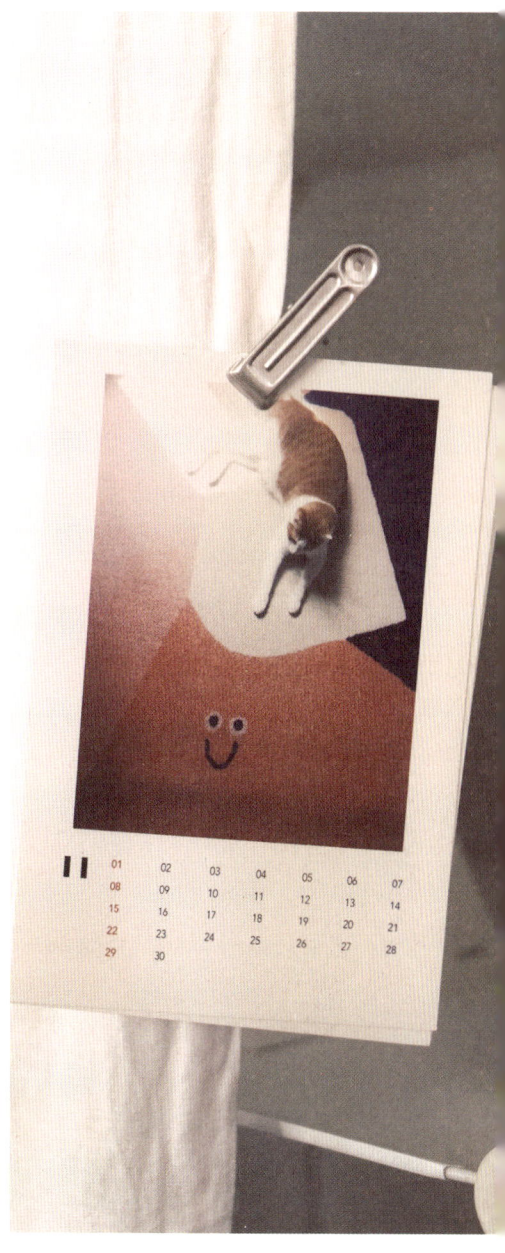

았죠. 그런데 나를 바라보는 시선이 집 안에 생긴 거예요. 심지어 인간보다 더 '감'이 좋다는 고양이가! 뭔가 다 꿰뚫고 있는 것 같은 묘한 기운이 있어요. 제가 조금 어두운 생각을 하고 있으면 동동이는 다 알아챌 것 같은 거예요. 한심하게 본다거나 반대로 '그래도 괜찮아.'라고 다독여 준다거나. 때론 감시자처럼 때론 상담자처럼 말이에요. 조금 과장하자면 집 안에 신 같은 존재가 생긴 기분이 들었어요. 저만의 의미 부여겠지만, 그런 존재가 있다는 게 저에게는 상당한 도움이 되었고 행복도가 많이 올라갔다고 거리낌 없이 말할 수 있어요.

실제로 고양이가 있는 집에서 이루어진 인터뷰는 사람들만 있던 평소와는 다른 분위기가 흘렀다. 인터뷰 중간중간 조용히 존재감을 뽐내는 동동이의 움직임을 모두가 곁눈질로 자꾸 쳐다봤으니 말이다. 그 공간에 있는 사람들 모두 프로답게 집중해서 일해야 한다는 걸 알면서도 마음 한 구석에는 귀여운 고양이가 가까이 와 줬으면 하고 바랐다.

말씀하실 때 고양이에 대한 애정이 느껴져요. 일상의 모습뿐 아니라 많은 부분에서 영향을 받고 있는 것 같아요.

처음에 희정 님이 저한테 얼굴이 좋아졌다고 하셨잖아요. 저는 고양이 때문에 제 삶이 더 나아졌고 행복해져서 얼굴에 드러나는 거라고 생각해요. 사람과의 관계도 굉장히 달라졌어요. 원서동에 있는 '동네커피' 사장님이 구조한 아이를 제가 입양한 건데, 그전까지는 고양이와 함께 산다는 것을 상상해 본 적도 없는 터라 고민이 많았거든요. 그래서 주변의 프로 집사들을 찾아다니며 상담했는데, 처음엔 사료비가 얼만지 병원비는 또 얼마나 하는지 금전적인 질문을 하다가 제가 가장 두려워하는 것은 이 아이가 먼저 세상을 떠날 경우의 상실감이었다는 걸 알았어요. 그 상황을 견디지 못할 것 같아 입양을 주저한 거죠. 그랬더니 고양이 두 마리를 키우는 집사 친구가 이렇게 말하더라고요. '고양이에게 좋은 죽음을 주기 위해 노력하는 삶을 같이 살아.' 그 순간 제 관점이 바뀌는 것을 느꼈어요. 고양이는 태어나 있고, 그것은 되돌릴 수 없는 사실이고, 죽음 역시 확실했죠. '좋은 죽음이란 뭘까? 좋은 죽음은 좋은 삶이 없다면 불가능하다. 좌충우돌하더라도 순간순간 충실하고 좋은 추억을 쌓는 게 좋은 삶. 삶과 죽음은 결국 하나…' 좋은 죽음이라는 말 한마디에 생각이 많아졌어요. 나아가 고양이가 나보다 먼저 죽을지도 모른다는 생각에 지레 두려워 가족 되기를 주저했는데, 사실 부모님이나 다른 사람들도 먼저 떠나보내야 할지도 모르는데 왜 나는 그들이 영원히 살 것처럼 여겼을까에도 생각이 닿았죠.

그 이후로 주변 사람들과의 관계도 바뀌기 시작했어요. 순간순간 충실해졌다고 할까요. 바빠도 친구가 만나자고 하면 일을 내려놓고 나섰어요. 동동이를 대하듯 사람들을 대하는 거죠. 친구도 나도 돌연 끝을 맞이할지도 모르는 삶을 산다는 건 너무 당연한데 그동안 인지하지 못했다가 고양이라는 유한한 생명체가 내 삶에 들어오고 나서야 실감하게 된 거예요.

동동이를 입양하고 얼마 후 덴마크의 경제공동체 '스반홀름'에서 지낸 일이 있는데, 한 할머니의 장례식을 보게 되었어요. 전에는 장례식이 무섭기만 했는데 그때는 편하더라고요. 할머니의 삶이 어땠을까 상상도 해 보고, 할머니를 환송하는 공동체 사람들의 에티튜드를 보고 감동하기도 하면서요.

스반홀름은 책 『나의 두려움을 여기 두고 간다』에 나오는 공동체죠? 하정 님은 아일랜드 '캠프힐'이나, 덴마크 '스반홀름' 등 해외에서 경험한 공동체와 거기서 만난 사람들의 이야기를 책으로 쓰셨잖아요. 그 이야기도 궁금해요. 스반홀름은 어떤 곳이죠?

덴마크는 조합이나 공동체가 흔해요. 예를 들어 택시 운전자 조합, 웨이터 조합, 아마추어 작가 조합 등등. 공동의 이권을 주장하고 정책을 만들어요. 그만큼 모여서 사는 생활 공동체도 많고요. 우리나라의 성미산처럼요. 거긴 교육 공동체죠.

스반홀름 공동체는 1970년대 코펜하겐에서 반전, 반핵 운동에 관심 있던 사람들이 만든 공동체예요. '도시를 떠나 자연 속에서 좋은 음식을 먹고, 공유할 수 있는 부분을 공유하며 함께 살 사람, 모여라!' 하고 신문 광고를 통해 모집했다고 해요. 지금은 150명 정도가 함께 사는데 덴마크에서도 성공적인 공동체로 꼽혀요. 기본 운영 방식을 조금 설명하자면, 처음 공동체에 들어올 때 모든 재산을 공동체에 내야 해요. 헌납이 아니라 보증금이라서 나중에 공동체를 떠날 때 돌려주고요. 그리고 상근직을 가지고 있어야 공동체의 멤버가 될 수 있어요. 직업이 의사든 버스기사든 상관없이 자기 수입의 40% 정도를 일단 나라에 세금으로 내고, 남은 60%중에서 70%를 공동체에 내지요. 공동체에서는 집과 차량, 유모차, 유치원 교육까지 제공해요. 요리팀이 점심, 저녁 급식을 제공하고, 유지보수팀이 고장 난 것들을 고쳐 주죠. 각자 직업이 다르니 일률적으로 같은 금액을 내는 게 아니라 자기 능력의 70%를 내는 시스템을 이곳 사람들은 공평하다고 생각해요. 누구나 자기의 온전한 1에서 0.7을 헌신하는 거니까요. 은퇴한 노인들도 연금의 70%를 내고 있어서, 노인이라고 쓸모없는 존재로 취급받지 않고요. 스반홀름에서 태어나 자란 아이도 학업을 마쳤는데 직업을 구하지 못하면 공동체에서 나가야 해요. 어떻게 보면 상당히 엄격한 룰인 거죠. 공동체에 새 멤버로 가입하려면 절차만 6개월이 걸린다고도 해요. 『나의 두려움을 여기 두고 간다』라는 책이 그 스반홀름의 이야기예요.

캠프힐 공동체 이야기는 예전에 다른 출판사에서 출간하셨잖아요. 이제는 직접 출판을 하게 되셔서 『이상한 나라의 괜찮은 말들』로 새로 만드셨고요. 작가였을 때와 제작자가 되었을 때는 어떻게 다를까요?

출판사의 제안으로 첫 책을 출간한 게 고작 서른 살 때의 일인데요. 출판업계를 처음 들여다본 입장이었는데, 처음부터 내 책이 아니라 우리의 책이라고 생각했어요. 출판사와 편집자, 디자이너, 작가 이렇게 넷이 25%씩 지분을 보유하는 거라고요. 글에 있어서 편집자의 의견, 디자인에 있어서 디자이너의 의견을 따랐어요. 지금 생각해 보면, 출간 바로 직전에 북아일랜드의 공동체에 머물렀던 영향이 컸어요. 공동의 목표를 세우고, 서로의 재능을 포개며 결과를 만들던 라이프 스타일 말이죠. 6년 후, 『장래희망은, 귀여운 할머니』를 직접 제작해 보고 싶어서 출판을 하게 된 건데요. 작가 겸 출판사로 이제 제 지분이 50%가 되었는데, 부담감은 200%가 되는 이상한 공식이 적용된 기분이 들었어요. 그리고 이걸 하면서 다른 사람의 책을 낼 생각은 없냐는 의뢰를 받았는데 못하겠다고 했어요. 내 책의 실수는 '오타 정도야 2쇄 때 고치지 뭐.' 이러는데 다른 사람 책은 너무 조심스럽고 또 계약도 제가 작가로 시작해서 더 우대해 드리고 싶은 마음이고 어렵더라고요.

너무나 잘 알고 있는 그 이상한 공식. 책이라는 물성의 이 종이 묶음은 아무리 대단한 작가와 오랜 시간 작업하고, 좋은 종이를 써서 숙련된 제작 업체에서 만든다고 해도 독자들이 무난하게 받아들이는 적정 선의 가격은 정해져 있다. 그래서 책에 들인 공과 가치가 꼭 가격에 반영되는 것은 아니다. 그럼에도 책을 쓰려는 사람들은 꾸준히 늘어나고, 여전히 출판업계를 떠나지 않는 사람들이 있으니 책은 분명 돈으로 설명할 수 없는 질서를 지닌 이상하고 아름다운 것임이 틀림없다.

독립출판은 보통 혼자 하는 경우가 많지만 저는 함께 일하기를 좋아해요. 단순히 일을 의뢰하고 핸들링하는 게 아니라 담당자에게 결정권을 주는 편이에요. 잘 모르는 영역을 어설프게 개입하니 전문가에게 맡기고 저는 제가 잘하는 일을 더 하고 싶어요. 지금까지 좋은여름의 모든 책의 인쇄 과정을 담당해 준 에이전시가 있는데요. 용지 고르기부터 인쇄소 섭외까지 에이전시에 충분히 기대는 편이에요. 실제로 『장래희망은, 귀여운 할머니』를 만들 때, 제가 처음부터 정해 둔 표지 사진이 있었는데, 사진 보정을 맡아 준 사진작가 오엔이 새로운 사진을 권했어요. 저는 두말없이 그의 의견을 따랐고요. 오엔의 감각 덕분에 표지 칭찬을 많이 받는 책이 탄생한 거죠. '내 출판사인데, 내 책인데, 내 맘대로!'라고 하지 않아요. 그건 오히려 저만의 취향이나 시각에 갇혀 버리는 일 같아요. 독립출판 수업을 종종 하는데 그 타이틀이 '전혀 독립적이지 않은 독립출판'이에요. 그게 저의 본심이랍니다. 결국 혼자서 할 수 있는 건 없잖아요.

'나는 옳지 않다.'가 저의 기조예요. 글은 제가 쓰지만 책은 남이 읽잖아요. 그래서 내 생각이나 감각이 절대적으로 옳다는 입장에서 벗어나려고 노력해요. '내 책'보다는 여러 사람의 고민과 결정이 녹아난 '우리 책'이 되었으면 좋겠고, 누구보다 책을 만든 우리가 우선 즐겁기를 원해요. 독자에게 사랑받는 건 그다음 일이자 예측할 수 없는 일이라고 봅니다. 흥행은 하늘에 맡길 뿐. (웃음)

20대 후반 나 역시 다른 출판사에서 인생 첫 책을 냈었다. 하지만 작가의 영역은 어느 정도의 선을 넘을 수 없으며 완성된 한 권의 책은 작가 혼자만의 책이 아닌 출판사와 함께 만드는 것이라는 사실에 적지 않은 충격을 받았었다. (첫 책을 쓴 초보 작가의 욕심과 무지 덕분에 그 당연한 것을 몰랐다.) 그렇지만 하정 님은 처음부터 책에서 자신의 몫을 잘 알고 계셔서 그런지 제작자가 된 이후에도 여럿이 서로에게 기대어 함께 나아가고 있다는 느낌이다. 독립출판 신에서 작가이자 제작자로 같은 일을 하면서도 이렇게 다를 수 있다니. 단순히 책을 만드는 방식 너머 삶을 대하는 자세 전반에 하정 님의 내공이 엿보였다. 아직까지 모든 걸 혼자 이끌고 가야 한다는 압박에 쌓여 자주 괴로워하는 나와 달리, 나눌 수 있는 짐은 나누고 즐겁게 해 나가는 하정 님을 보며 이날의 대화를 오래 곱씹었다. 나도 이제 조금은 내려놓을 수 있을까.

해외에 계셨던 영향 때문인지 집 안이 이국적인 느낌이 들어요. 주로 작업하는 공간은 어딘가요?

작업은 책상에서만 해요. 이방 저방 돌아다니지 않고요. 오랜 시간을 보내는 곳, 시선이 잘 머무는 곳에는 물건을 적게 두는 편이에요. 장식장이나 노출된 선반은 50% 이상 빈 공간으로 두고요. 다른 작가들의 집에 비해 책도 훨씬 적을 거예요. 집에 책이 많으면 뭔가 무겁게 느껴져요. 종이의 무게란 게 엄청나니까. 그래서 신중하게 구매한 책만 집에 들이고, 당장 읽는 책이 아니라면 안 보이게 숨기는 수납을 해요. '안 보이게 하는 것'이 인테리어의 시작과 끝이라고 생각해요.

이 집을 보고 북유럽 같다고 말한 분들이 계셨는데, 아마 『장래희망은, 귀여운 할머니』의 주인공 쥴리가 보내 준 물건들 때문일 거 같아요. 만약 해외에 살았다면 한국스러움이 묻어나는 인테리어를 할 것 같고요. 일부러 특정한 스타일이나 세트로 물건을 맞추진 않아요. 가구는 최소한으로 쓰고 대신 소품이나 패브릭을 즐겨 사용해요. 조금의 변주만으로 분위기 전환이 확 되니까요. 가난하면서 변덕은

심한 프리랜서에게 경제적이고 쉬운 방법이죠. 중고품이나 빈티지도 좋아하고, 동네에 버려진 가구나 소품을 데려오기도 해요. 집이 낡은 덕에 그런 물건들이 잘 어울려요. 계속 돌고 도는 것 같아요.

　북촌에서 두 번 이사하며 세 군데 집을 경험했는데요. 모두 형태가 독특했어요. 자투리땅에 비집고 지은 집이라 수직각인 데가 없어요. 수평도 안 맞고요. 바닥이 불뚝 튀어나온 곳도 있어요. 그런데 저에게는 그게 또 득이 되었어요. 수업이나 북토크 때문에 집에 온 분들이 딱 떨어진 집에서 느낄 수 없는 매력을 재밌어하시더라고요. 저는 영감을 얻기 위해 새로운 장소나 특별한 것을 찾는 편은 아니에요. 내 옆, 생활 자체가 소소하면서 결정적인 영감을 준다고 생각해요. 이 집도 그렇고요.

집에서 하셨던 북토크도 무척 인상 깊었어요. 보통 책방이나 북 카페 같은 곳에서 하는데 집이라는 공간을 택한 이유가 있었을까요?

　『장래희망은, 귀여운 할머니』에서 아네뜨 할머니를 처음 만난 게 할머니네 집, 그 안에서도 거실이었어요. 그래서 첫 북토크는 꼭 '내 집, 거실'에서 하고 싶었어요. 제가 할머니에게 받은 환대를 독자들에게 돌려주고 싶었거든요. 보통 북토크라면 강연 분위기잖아요. 이쪽에 작가가 앉고 반대편에 참가자들이 마주 앉죠. 저희는 거실에 둥글게 둘러앉았어요. 집이 좁으니 서로 밀착될 수밖에 없었죠. 다과도 아네뜨 할머니의 찻자리와 최대한 유사하게 준비했어요. 책에 나오는 빨간 라즈베리 케이크도 동네 베이커리에 주문해 똑같이 만들어 내놓았죠. 가장 좋았던 코너는 '자기 소개' 대신 '가져온 물건 소개하기'였어요. 소중한 물건, 의미 있는 물건을 가져와 사연을 말하는 시간이었는데, 북토크를 마치고 한참 지나도 참가자들이 이름이 아닌 물건의 사연으로 서로를 기억하더라고요. 오픈된 공간이 아닌 집에서, 나와 타인 사이에 물건 하나를 두고 말하니 속 깊은 이야기를 어색하지 않게 털어놓는 분위기였어요. 북토크에서는 제 소개보다 앞서서 참가자 소개를 꼭 해요. "자, 여러분들이 가장 좋아하는 코너, 자기소개입니다!"라고 하면 다들 "으악!" 하시면서 막상 하면 또 즐기시더라고요. 작가와 참가자로 나뉘지 않고 모두 같은 입장으로 그 시간을 함께한다는 느낌이 좋아요. 북토크를 앞두면 '무슨 말을 해야 하지?' 보다 '이번엔 어떤 분들이 어떤 사연으로 오시려나.' 궁금해집니다.

북토크를 하게 되면 일주일 전부터 원고를 쓰고 준비하며 덜덜 떠는 내 이야기를 했더니 하정 님은 아무 준비 없이 가서 거기 온 사람들과 이야기를 나눈다고 생각하라고 조언해 주셨다. 준비한 원고대로 말하지 못해도 준비했던 시간을 믿는 편이라 과연 내가 그럴 수 있을까 도저히 용기가 안 나지만, 하정 님의 즉흥적이고 편안한 분위기의 북토크에는 꼭 한번 가보고 싶다. 분명 자리를 파하고 돌아가는 사람들의 얼굴에서 많은 걸 덜어 낸 홀가분함이 묻어날 것 같았다. 하정 님의 출판 경력이 그리 길지 않은데도 고군분투하기보다 달관한 듯한 저 여유로움은 어디에서 나올까. 아마도 다양한 공동체 생활에서의 경험과 동동이 덕분이려나.

하정 님이 생각하시는 이상적인 작업 공간이나 집이 있을까요?

천장이 높은 공간이 좋아요. 물론 그동안 살아본 집이랑 이 집도 천장이 무척 낮아요. 『장래희망은, 귀여운 할머니』 표지에 있는 베르너 팬톤의 플라워팟 조명을 하나 장만했는데, 천장이 낮아서 도저히 어울리지 않더라고요. 박스 안에 고이 잠들어 있는 플라워팟을 언젠가 어울리는 공간에 달아 주고 싶은 소망이 있어요. 이루어지겠죠? 채광도 중요해요. 평소 자연광이나 간접조명만 쓰는 편이라 자연광이 좋은 집이라면 소음이 있거나 낡아도 참을 수 있었어요.

동네 자체도 중요한데 저는 지방에서 올라와 2년마다 이사를 다녔어요. 2년 이상 산 동네가 없는데 여기 북촌에서는 10년을 살았어요. 북촌에 살면서도 습관적으로 다른 동네를 기웃거려 봤는데, 어차피 서울은 어디든 비싸고, 몇만 원 정도 더 부담하고 북촌의 장점을 누리자는 결론을 얻었어요. 덕분에 동네 덕을 아주 많이 봤어요. 갤러리나 근사한 공간이 많기도 하고, 무엇보다 드로잉이나 독립출판 클래스를 들으러 집에 오는 분들이 북촌에 오는 것 자체를 좋아했거든요. 제게 큰 득이지요. 왜냐하면 제가 좀 못 가르치거나 실수해도 수강생들이 일단 동네에 진입하면서 힐링 모드가 되어서 관대해지거든요. (웃음) 만약 번잡한 동네, 삭막한 오피스텔에서 수업을 했더라면 아마 저는 살아남지 못했을 수도 있어요. (진지)

국내가 아닌 해외에 내 집을 마련한다면 어디로 가고 싶으세요? 해외에서 공동체 생활을 하셨으니 외국에서의 집에 대한 의미가 남다를 것 같아요.

북아일랜드와 덴마크의 공동체에서는 나만의 방과 좋은 시설의 부엌, 거실이 갖추어진 집에서 살았어요. 여행을 하더라도 친구네 집에서 지내거나, 카우치 서핑 (현지인이 여행자에게 방이나 공간을 무료로 제공해 주는 여행자 플랫폼)을 해서 외국이라 할지라도 숙박 시설보다 집이 더 친근했고요. 나라마다 법이 다르겠지만, 대체로 유럽 친구들은 셋집이라 하더라도 독특한 페인트를 칠한다든가 벽을 자유롭게 쓴다든가 집을 적극적이고 주도적으로 활용하는 문화라 생경했죠. 우리는 못하나 박기 어렵잖아요. 특히 벨기에에 머물 때 하우스 콘서트나 전시를 자주 봤는데요. 집이 곧 '나'라는 분위기에서 받은 자극들이 쌓여서 그런지 한국에 돌아왔을 때 집에서 일하거나 집을 타인과 나누는 게 자연스러웠어요.

해외에서 글을 쓰고 그림을 그리며 동동이와 함께 살고 싶은 딱 한 군데를 꼽으라면 이탈리아의 시라쿠사예요. 시칠리아 섬의 오른쪽 끝 바닷가 마을인데 아주 소박하고 심플한 동네예요. 영화 '시네마 천국' 속 이탈리아 느낌을 그대로 간직하고 있죠. 고양이들이 느긋하게 늘어져 살던 기억이 나요. 동동이도 잘 적응할 듯하고요. 시라쿠사의 가장 큰 매력은 시장이에요. 박력 넘치는 상인들 덕에 생명력이 펄펄 넘치는데 아무리 낙담하거나 무기력한 날이라도 시장 한 바퀴 돌고 나면 기력이 충전될 것 같아요. 그리고 그리스 쪽을 바라보는 해안 바위에 덩그러니 꽃혀 있는 샤워기가 있는데요, 그곳에서 샤워를 하면 마치 내리는 빗물에 샤워를 하는 듯 자연인이 된 기분을 만끽할 수 있어요. 시라쿠사에 집을 마련한다면, 동네 목욕탕 다니듯 그 바위에서 샤워를 할 작정이에요. 여행 당시 이탈리아 사람에게 "시라쿠사에서 오래 지낼 거야."라고 했더니 "시라쿠사? 별 것 없는 시골인데 왜?"라고 의아해하더라고요. 그 시골에 '나만의 왜'가 있는 듯해요.

'나는 옳지 않다.'가 저의 기조예요.

글은 제가 쓰지만
책은 남이 읽잖아요.

그래서 내 생각이나 감각이
절대적으로 옳다는 입장에서
벗어나려고 노력해요.

'내 책'보다는
여러 사람의 고민과 결정이 녹아난
'우리 책'이 되었으면 좋겠고,
누구보다 책을 만든 우리가
우선 즐겁기를 원해요.

독자에게 사랑받는 건
그다음 일이자
예측할 수 없는 일이라고 봅니다.
흥행은 하늘에 맡길 뿐.

저는 영감을 얻기 위해
새로운 장소나
특별한 것을
찾는 편은 아니에요.

내 옆, 생활 자체가
소소하면서 결정적인
영감을 준다고 생각해요.

이 집도 그렇고요.

나가는 말

집은 삶의 방식

　코로나가 유행하던 민감한 시기에 집이라는 사적인 공간으로 걸어 들어가야 했기 때문에 작업이 길어졌다. 수개월 전에 약속을 잡아 두었어도 내가 아프거나, 그들이 아프거나, 가족이 아프거나, 같이 일하는 사람이 심상치 않아 조심해야 한다는 이유로 수시로 날짜가 변경됐다. 그때는 모두의 안녕만을 바라던 때였다.
　아홉 팀의 인터뷰를 잘 마치고도 책으로 만드는 과정 역시 쉽지 않았다. 인터뷰가 처음이었던 터라 내용을 정리하기 위해 녹음된 파일을 여러 번 들어야 했다. 단순하게 대화를 글로 옮기면 된다고 생각했지만, 대담집이 아니니 대화의 주제가 퐁당퐁당 건너뛰지 않기 위해 대화의 처음과 끝을 자주 오가며 말을 모았다. 가장 고심했던 건 인터뷰이 각각의 분위기를 지키면서 잘 읽히는 글로 다듬는 것이었다. 친근한 말투의 수다스러운 인터뷰이와 쑥스러워 웃기만 하며 꺼내지 않은 말의 이면을 기다려야 했던 인터뷰이의 말을 어디까지 다듬어야 할지 쉽지 않았다. 같은 분량의 책이라면 내 글을 쓰는 것보다는 인터뷰집이 수월하겠지! 쉽게 생각한 내 미련한 도전정신을 두고두고 후회했다.
　긴 작업 기간으로 인터뷰 당시와 상황이 달라진 작가님도 많았다. 작업실을 구해서 나오시거나, 이사를 하신 분들도 있다. 현장성을 담지 못해 아쉬운 마음은 있지만 그분들의 한때를 영원히 종이 위에 남길 수 있어 다행이라 여기고 있다. 독자들이 이 책을 읽는 이유는 작가님의 실시간을 엿보기보다 지나온 길을 동행하고 싶기 때문일 거라 믿기 때문이다.

나는 이 책이 인터뷰집이자 사진집으로 읽히길 바란다. 반짝이는 인테리어 잡지에는 나오지 않는, 보여주기 위한 집이 아닌 매일 지지고 볶는 삶의 바탕으로써의 집을 봐줬으면 한다. 그러기 위해 나약한 껍데기보다 내 삶의 경도를 높이기 위해 노력하는 사람들을 어렵게 한자리에 모았다. 그러니 내가 목격한 무척이나 평범한 집의 모양에 글과 비슷한 시선이 머물렀으면 좋겠다는 바람이다.

책이 나온 후에도 여전히 내 집은 엉망이고, 어디에서 어떻게 살아야 행복한 것인지에 대한 나만의 해답은 찾지 못했다. 하지만 그들에게 집이 삶의 방식이듯, 더 이상 집이 나의 짐이 아니라는 분명한 변화가 찾아왔다. 이 책의 마지막 장을 읽고 있을 독자들도 각자에게 어울리는 삶의 방향으로 걸어가고 있길 바란다. 끝으로 혼자 일하는 것에 익숙했던 외로운 여정에 함께해 준, 사람만큼이나 따뜻한 사진을 찍는 정유우 작가님께 감사의 인사를 전한다.

2023년 가을
문희정